青少年校园美文精品集萃丛书
成长同行系列

成长是
坚韧不拔的毅力

《中学生博览》杂志社 选编

时代文艺出版社

图书在版编目（CIP）数据

成长是坚韧不拔的毅力 /《中学生博览》杂志社选编. — 长春：时代文艺出版社，2021.3
（青少年校园美文精品集萃丛书.成长同行系列）

ISBN 978-7-5387-6564-9

Ⅰ. ①成… Ⅱ. ①中… Ⅲ. ①作文 – 中小学 – 选集 Ⅳ. ①H194.5

中国版本图书馆CIP数据核字〔2020〕第257406号

出 品 人　陈　琛

产品总监　邓淑杰

责任编辑　王　峰

装帧设计　孙　利

排版制作　隋淑凤

成长是坚韧不拔的毅力

《中学生博览》杂志社　选编

出版发行 / 时代文艺出版社
地址 / 长春市福祉大路5788号　龙腾国际大厦A座15层　邮编 / 130118
总编办 / 0431-81629751　发行部 / 0431-81629755　北京开发部 / 010-63108163
官方微博 / weibo.com / tlapress　天猫旗舰店 / sdwycbsgf.tmall.com
印刷 / 三河市嵩川印刷有限公司
开本 / 880mm×1230mm　1 / 32　字数 / 135千字　印张 / 7
版次 / 2021年3月第1版　印次 / 2021年3月第1次印刷　定价 / 36.00元

图书如有印装错误　请寄回印厂调换

编 委 会

Contents

目 录

十六岁的斑驳蓝

一年后的高考记忆 / 三脚猫　002

嘿，带你去看海 / 夕里雪　007

女哥们与男闺蜜 / 赫 乔　010

纸短情长 / 狐苡楠　015

夏，是一场盛大的别离 / 四 夕　019

相忘江湖 / 潘韵诗　025

当我听到这首歌 / 唐 柠　030

十六岁的斑驳蓝 / 青果先森　033

明天，请你善待我

少年剑客 / 周笑冰　040

岁月静好，思念无声 / 洛云裳　051

十三个少年 / 赫 乔　054

成长是坚韧不拔的毅力

疯癫小日子 / 二　笨　065

格桑花走失的高三 / 辛　田　069

明天，请你善待我 / 顾凉寂　074

骑士 / 浅步调　080

我喜欢你是寂静的

慢活 / 东　望　084

喧嚣闯入，寂寞离场 / 宛若晴空　087

我喜欢你是寂静的 / 亦青舒　097

和后排男生称兄道弟的日子 / 蓝筱柠　108

疲惫的生活总需要英雄梦想 / 海豚同学　114

家有老妈非淑女 / 凉　羽　117

心上的爸爸 / 流萤回雪　120

请带我回家 / 苏　蒿　126

纯白 / 清　越　130

少年的朱砂泪

你小时候有没有偷偷爬上一棵树 / 小弋先森　134

二十四小时节食流水账 / 天下无敌　137

烟火味里的温馨 / 笛　尔　141

便签 / 徐虹菲　145

姑娘会强大到让你哭 / 瓴翎没有郢　149

黑框眼镜 / 南　木　152

少年的朱砂泪 / 洪夜宸　156

鱼的眼泪 / 念　安　161

来日且方长

明明就是 angle / 陈娅婷　170

来日且方长 / 盛夏流年　181

一起去偷月亮的呼吸吧 / 浅步调　187

堇色年华 / 易晴初　191

北方有佳人 / 张志浩　201

时间煮雨 / 左　海　210

无关恋爱的暗恋 / 嵩　果　214

十六岁的斑驳蓝

一年后的高考记忆

三脚猫

高考结束那天，我们坐车从考场回学校，大笑着和那个牌照DG5671的大巴说再见。那个刚见到就被我们调侃成"大哥我录取了"的谐音的大巴。

我和同桌把书送回家，约好等一下在商场三楼吃咖喱盒子。走出教学楼的时候，我看到很多人把书和试卷往楼前的草坪上撒，一群人欢快地吹口哨，然后一楼一个过于自嗨的孩子被教导主任叫住一顿狠批，大家才都悻悻地住了手。尽管我们都知道，我们再也不怕被骂，也再不需要被那个主任管，但潜意识里，每个人都是缓不过来的。高考给人感觉上的习惯，有太大的惯性了，大到，你看到你那年做的笔记，那时骂过你的老师，你的感觉就会瞬间回到身体里。

后来一群人去狂欢，一边唱老歌一边玩真心话大冒险一边发疯。我们班的人算是比较会玩的，就算是高考那一年，大小聚会也从没少过。那天晚上一点，我们毫无睡意地解散，一群男生扭头就走进了KTV隔壁的网吧，一群女生纷纷坐上了回家的出租车。我一个人骑着电瓶车回家，路过我们高中的校门，那里有个红绿灯，我第一次停下来好好地等了一次红灯。

那一次红灯，整个马路上只有我一个人，门口的地灯把我们的校门照得黄灿灿的，我等了很久很久，红灯亮起来，再亮起来，好像在告诉我，停下来吧，不要走了。我想学着电影里的样子大声喊，华中再见！谢谢你！再见！可我只是拍了一张校门的照片。很暗，很模糊，拍完之后我就学着电影里的样子发了一条说说，配上那张图，我说Goodbye & Thank you。

我感慨万千地回到家，家里很安静，毕竟已经很晚。QQ上有同学抱怨高考完了待遇差太多，回家夜宵都没了，家里人睡得鼾声如雷根本不管自己的死活。笑笑，想打开备忘录写东西，我想写很多很多东西，比今天写的还多很多，然后一不小心我打开手机里的闹钟。周一至周六早上6点10分，周一至周六早上6点20分，每天下午12点50分，周日早上8点。我突然之间难过得写不出一句话。

这一年，我每一天都是这样规律地作息，每一天在欢声笑语的教室里找乐子。我们的老师都很幽默，不幽默的也很呆萌，然后被幽默。每天都11点前睡，每天都吃一

成长是坚韧不拔的毅力

个苹果喝一瓶牛奶，每一天都会用醋泡脚，每一天都认真地刷牙，每一节下课都会去走廊上远眺和唠嗑，每周三都会打羽毛球到大汗淋漓。我也不敢淋雨，因为那一年你没有时间生病。所以那一年我过得十分养生，皮肤细腻有光泽。那一年我的桌子里有我爱的玩具，我折的工艺品，有好几本《看天下》，有大众网络报的笑话那一版和厚厚的娱乐报纸，有别人写给我的情书和我没送出去的信。那一年我健壮如牛，欢快如狗，洒脱如猪，我每一天思考、争论、八卦，学校和家两点一线，我每天睡前和我最好的死党们（我们高中不在一个学校）打十几分钟的电话，吐槽一天遇到的一切，然后大笑完入睡。我们每个礼拜见一次，吃一顿饭或者逛一次街。然后下一周继续学校和家两点一线的生活。所以我说，我再也没有遇见过更好的一年。尽管那年的我没有享受太多自由，但是我想要的都在身边，或者说，我也根本不想要什么，人生就那样，很好了。

我没有憧憬过我离开那里以后的自由和美好，说真的，没有。这一年我可以上课玩手机，没人收我的笔记，可以早上睡到很晚起。但很多时候，我想念那一年的种种。我不会再认真刷牙怕自己蛀牙牙疼，也不再怕淋雨感冒，之前对自己种种呵护和疼惜，都好像是为了高考。我删掉了那一年所有的闹钟，过上黑白颠倒日夜不分的日子的时候，觉得那种依附和规整彻底结束了。好像再也没有标准答案（那时候我还不知道还有五年考研三年模拟这种丧心病狂的东西），人生的答案也再也没有标准和公道可言。奇怪，我恨那些没道理的死板的标准答案，恨过一万次，到我离开它的时候才知道，这世上有标准答案的问题，少得珍贵。

高考，它像是一个盛大的节日，又好像一个死死纠缠的爱慕者，它占据你的时间和大脑，向你许诺美好的未来，然后使你神使鬼差地对它好，为它努力、付出和牺牲。然后在高考结束的那一天，毫无商量，毅然决然地离开你，大义凛然地说你合格了，你走吧，去爱大学，爱社会吧。结果是，我们突然发现自己不会爱了。是的，你无可救药地爱上了高考带给你的充实感，那种疯狂和义无反顾。

有一天，你的记忆，你的青春，也会一个个地落入水中。它们存在，这是一定，但你不再看得见，最后也懒得打捞，直到我们自身老去沉底的时候，陪在你身边的就不再是你曾追逐过的浮华，而是你最初的记忆，是你写的第一篇流水账，是你和兄弟打过的游戏，是你最爱的那间茶吧，于是你又回到了你当初的模样，你又开始担心念错了字音用错了成语，你忽而呱呱而泣，忽而又忍俊不禁地笑了。所以我想说，青春是老去，老去，又何尝不是青春呢。

现在的我不知道学校里谁和谁在一起、谁和谁分手的八卦，我也不想知道。但那一年，谁在走廊里把谁叫出来说了一句悄悄话，都会是整栋高三楼一天的话题。那年如果出现了很美的夕阳和星空，整个楼的人都会趴在走廊上滥情。有人说，你们好无聊啊。对，其实每个高三楼都是一个小世界，他们每个人，都有不同对未来的构想，但他们每天十个小时待在一起，在外人看来被关押的封闭的世界里，创造了外人不能体会的世界。这个世界，叫作青春。

我知道，一个人不应该什么都记得，或者，不应该记得太多。该忘记的时候就忘记，即便我们永远来不及好好告别。但是我也知道，有些记忆会化成一片云，一场雨，在长大后千篇一律地每天里散去再聚起，成为生命里一道只为自己称赞的风景。

嘿，带你去看海

夕里雪

象山的旅行完全是一场意外。当我正被毕业论文折磨得寝食难安万箭穿心时，许久不联系的娜姐突然打来电话：嘿，走啊，带你去看海。她的语气里有蛊惑人心的轻快，仿佛微凉的海风从话筒另一侧吹进我焦灼的脑海，催促我迫不及待扔下手中的琐事，买了一张当天的车票奔赴宁波。

那句话怎么说来着：就算你没能遇上一场奋不顾身的爱情，但总要有一场说走就走的旅行。所以直到呼哧带喘地拎着行李坐在了大巴上，我才想起来要问娜姐：怎么忽然就决定要去看海？

娜姐的笑容里有一点儿小无奈。她说下个月自己研究生就要毕业了，本来已经签了一家上海的广告公司，但是上个星期妈妈打来电话，说还是希望她回河南老家，毕竟是一个女孩子，一个人在异乡打拼，怎么想都让人不放心。"以后回河南就没那么多机会看到海了，所以走之前，还是想好好看一次海上日出。"娜姐故作轻松地说。

我看着这个上大学的时候为了学花艺瞒天过海独自跑到昆明待了一个月的女汉子，刚想说一句"你妈妈的担心真多余"，但看到她并不晴朗的脸色，还是把话咽回了肚子里。

同行的还有同样正在被论文蹂躏的小琪和已经在象山摆上满桌海鲜坐等我们的又又。大盘的螃蟹、扇贝、黄鱼、小龙虾让我们忘记了旅途的疲惫和淑女的礼仪，史上最聒噪的男生又又一边给我们夹菜一边不忘展示他的口舌："娜婶你可以咬得含蓄一点儿吗？不要让我看到你的后槽牙，而且居然还是一颗被蛀过的；建建你嘴里叼着红烧肉手里握着螃蟹爪是什么意思？你觉得我妈妈故意不让你吃饱吗；小琪你吃慢一点儿会死哦，你是非洲难民吗……"

我们急于吃菜，腾不出嘴巴和他争辩，只好用杀人的眼神将他枪毙了一万次。

又又以前并不是这么聒噪的。去年他在大学最艰难的求职时刻，女朋友突然从异地打来电话提出分手，又又爽快地同意了，甚至还开玩笑说让女友以后带男友到象山来玩。挂断电话后，他钻进爸爸的车，一脚油门从象山冲到了上海，三个小时的车程，他没有给任何的朋友打电话，自始至终淡定而又神经地和自己的车聊天。从那以后，他落下了话痨的毛病，经常要我们发誓，要用臭袜子捂住他的嘴才会住口。

"知道吗？我还给车起了个名字，叫白马，绰号小白。"事后给我们讲起这段故事的时候，又又得意地问我们，"我骑着白马，所以我是谁？"

"唐僧。"我们三个人异口同声地回答。

又又瞬时一蹦三尺高："靠，是白马王子！你们三个有没有情调啊……"他嘴里接连不断的词汇蘸着唾沫喷了我满身满脸，我的脑子里却始终想着那个寂寞的男孩儿，执着地对着空气讲三俗的笑话，以为这样全世界就看不到他的泪流满面。

女哥们与男闺蜜

赫 乔

　　我从来都不觉得"哥们和闺蜜"是性别界限特别分明的词。比如说，饼干就是我整整高中三年铁到生不了锈的女哥们，新新就是可以一起分担秘密和故事的男闺蜜。这个四月末五月初，他们来青岛找我，所以看尽春梅和樱花，轮到我们三个让岁月绽放起来。

　　我先去车站接了饼干，她一头卷儿的样子真的特别像小泰迪熊。我们跑去传说中的第一小吃街——劈柴院，两个吃货果断就沦陷了。我喜欢自冠吃货之名并且坚决践行，就是觉得世界上没有比美味更简单的事，如果有，就是狂热。

　　坐在DQ里吃冰淇淋的时候，我和饼干面对面坐着聊天，突然想，可以一直这样下去么。可以这样的话多好呢。

晚上买了很多水果回去。饼干买了个莲花果，她说，哎，你看，像不像小时候的胶皮玩具，一捏就能吱吱叫的那种。我汗如雨下，她吃了一块，觉得暴难吃。然后说，咱们把剩下的留给新新吧，就说可贵可贵的青岛特产了，都没舍得吃。我说好啊好啊。 |

半夜的时候，饼干睡了，新新搭机场大巴到了宾馆。我在大厅里等到他，还是老样子，好像只有我一个人改变了这么多。我们在他的房间里对着电脑看照片，看他在重庆拍的小巷，在上海拍的外滩和陈小花。他裹着被说，真冷啊。我们聊政治和理想，再聊一些没谱的事，然后我回房间睡觉，关灯之前看饼干熟睡的侧脸，觉得特别温暖。

第二天，我们开始暴走青岛。去中山公园，去看花，去海水浴场，看浪打在岸上。新新举着单反在拍孩子们吹的泡泡，我随手拍下那时候的他。饼干时不时地走进晚樱树间，让我给她拍照。

新新总结饼干的两个经典拍照动作，要么是剪刀手贴在脸颊边，要么就是伸出左手作托塔状。饼干鄙视地说，一会儿别跟我们俩一块走。

你可得了吧，没有我带路，你们俩早丢了。

不过说真的，我和饼干可都是路痴。

这一路上，我们三个的基本状态就是不停地说。饼干说，我半年来都没跟人这么说话过。她作为我的女哥们，本身就是豪爽不已的，但是也就是熟悉的人聚到一起才放得这么开。而新新，可以卖萌撒娇，还会躲到我们的阳伞下面挡阳光，我们在通往海岸的大街上喊他"小娇羞"，几个旅行团的人都好奇地看过来。

我们说，新新，你可长点心吧，别成天就知道丢人现眼。

他一哼，撇着嘴说，你们都是坏人。

后来我们就不看地图了，走哪算哪。比如说绕过一条长长的拐角，遇上童第周故居。漫无目的地直走，我们学校老校区的牌子就映进眼睛里。转来转去，就又看见海了。我们沿着堤岸找公交车，找咖啡店，然后回到火车站附近的沙滩边看涨潮。

我在后面看着他们的背影，自顾自地笑，就算天开始阴了，可是在我这里晴朗得一塌糊涂。这次见他们，我把刘海梳上去，整张脸毫无保留。其实，如果你在一个人面前可以疯狂傻气横眉痛哭，就是因为不会害怕他嫌弃你离开你。

这就是哥们儿和闺蜜。

饼干一说，哎，我们去吃什么什么吧。新新就会投过来鄙夷的眼神，你个吃货。

然后那天晚上新新在超市里买了成山的吃的，回到宾馆就开始把口袋里的果冻、奥利奥和小香肠往自己的床上一堆，说你们谁也不准抢。饼干说，你可真出息。

第二天，我带他们去吃排骨米饭，饼干一点儿没剩，我把汤都喝光了，而新新剩了半碗菠菜和三块排骨，他说本来我觉得不好意思，但是我都觉得替你们不好意思了。吃得多怎么了。我慢慢悠悠地从他的碗里夹菠菜吃。

晚上的时候，我们在广场上拍夜景。新新支起三脚架，拍对岸的灯火。突然吉他声起来了。岸边有青年抱着吉他卖唱，新新站在那说，比我弹得好。我说，比你唱得好。然后他们一起唱——月亮在白莲花般的云朵里穿行，晚风吹来一阵阵快乐的歌声。

春暖花开。

我坐在青岛邮电博物馆里，认真地给他们写背景是青岛风光的明信片。我说，春暖花开，和你们在一起，好像这半年多的时光里我们一直没有分开过，那些纠结的不安仿佛从来都没有发生过，谢谢你们。然后，我爱你们。

抬起头看饼干坐在斜对面往留言簿上写着什么，我想，等下一个春天，我再来看这些字，依然会是饱满的怀念吧。

最后，我还是回忆起那些个矫情但温暖的场景。我在看许愿墙上的关于爱恋与孤单的字句，新新举着单反拍打在明信片上的光与影。我在火车站拍下他们的背影，手指开始剧烈地颤抖，于是插进口袋里，低着头假装躲着阳光。当我混进站台然后抱住饼干时，眼泪突然涌上来，再也抹不掉了的感觉。

纸 短 情 长

狐苡楠

有天在路上走，迎风流鼻涕，突然想到，万一大象感冒鼻塞了怎么办？它有那么多要用到鼻子的地方，比如喝水……我问了舍友，但是被严重嫌弃了，其实是她们回答不了嘛。然后我就觉得，这么奇葩的问题，大概只有同样出格的你才能回答。于是后来我问你的时候，还加上了类似的疑惑，比如长颈鹿打嗝怎么办、蛇的脊椎坏了怎么爬行呢……

熟络到能扯淡去天涯海角，没有语言顾忌，不必故作聪明思考问题，大概只有跟你在一起时，才没有面具。

只有你，能对上我奇怪的思维，可以和我进行旁人觉得"蛇精病"但是我们自己认为正常无比的对话，甚至把我郁闷到无语。

你吊儿郎当地跟我说大学里都打电脑游戏了，其实你的成绩好得可以直博。你是这么优秀的男生，偏偏和我打电话的时候总是用无所谓世俗名利，玩世不恭的语气，嘻嘻哈哈，乐观阳光。

我把草稿发给你看，你截图回复我，说用word查找没有找到自己的名字，所以这篇文章不是写给你的。

我跟你说，我吃肉的时候总是咬到自己，你说我脑子分不清楚哪个肉是自己的哪个不是；我后来又跟你说，我不吃肉也开始咬到自己，你说可能是习惯了；第三次咬到自己，你评价是专业户……

中华文化博大精深，总有一个词可以恰到好处地描述我此刻的心情——哭笑不得。

可是其实我一直记得你刚来的那天。我同桌带着你逛校园，校园不过一眼就能望穿，而你在夏日的中午，被人假公济私地拖着在一眼到头的操场捡垃圾。我在操场边看到了，笑得抽筋，而你站在树荫下，微光里，嘴角翘了翘跟着笑，一脸的安静，没有陌生的疏离感，也没有因为初来乍到就这样成为焦点而不快，不卑不亢，仿佛就是和我们一起学习生活了两年，毫无违和感。

我遇见过那么多的人，只有你，一直是干干净净，脱离世俗的，即使不像是天使那种不染尘埃，也比我们这样生性喜好热闹的人清澈许多。即使后来，你会一脸傻笑边兴奋地讲边啃薯条手舞足蹈，即使后来你越来越逗比，我对你的印象始终是那个干净看上去有点内向的男生。

没有见过我最彪悍时拍桌子震全班，也没见过我最惶恐时高中整天病怏怏地担心学习和身体，也没见过我最懦弱时大学刚开始畏畏缩缩。

只有你，见到的我都是最正常的时候，可以淡定自若，可以思维出格。

可是你陪我过了初三过了高中过了那些最黑暗的日子，我总是跟你碎碎念这个头疼那个心烦。随随便便起个头就能顺顺溜溜地聊下去，心情不好也不说什么安慰的话，和你聊聊天我就觉得一切OK了，都不用等到明天太阳升起。

比如说，我一心黯然求安慰地跟你说，我控制不了自己的负面情绪，你回复我说，假装自己很开心就行了……我一定是打开的方式不对……

我快乐的时候想和闺蜜分享，也想起你；我难过的时候想给家人打电话吐槽，也想起你；天气变化的时候我想起你，吃到美食的时候我想起你；任何地点、任何场景提到任何关于"猪"的事情，我都能想起你。和我最喜欢的妹妹聊天的时候，我才知道，原来我们都一样逗比。所以你在我心里，是亲人一样的存在。

我记着你，就像你一直存在，不费任何脑细胞，我想跟你说话，不需任何借口。

其实你有女朋友后，我就不怎么联系你了，但是每天我睡觉前胡思乱想时，总会有那么一个脑细胞空出来想到，今天没有和你说话呢?

就像锁紧柜子里的小熊，尽管我很喜欢，可是我长大了有很多的事情要做，不能像小时候那样随时都抱着。你就是那只小熊啊。而我终于决定离开，比放下五年的执念还要沉重。放下执念不过是让心里空一点，而离开你，却好像所有的快乐都被抽走了。我不是喜欢你，我也不会喜欢什么。

我跟你说，好像很久没见到你一样，你说，就算是核燃料，距离远了也会安静。

翻《青年文摘》的时候，看到一句话：那些年，我们像夫妻一样的友谊。我觉得我还是很幸运的。

我回家在上海和分别两年的基友会师，你吃醋似的嗔怪:我们也很久没见了。真是可爱啊。我对着各式各样的韩国花美男流口水，在空间发花痴说说，你委屈地跟我说，是不是以后喜欢漂亮的东西了，会渐渐不理你?

那么我说，纸短情长，甚为想念。

夏，是一场盛大的别离

四 夕

1

夏日午后的广场，太阳最毒最辣的时候，也是鲜有人迹的时候，是属于那群乐此不疲地叫着"知了知了"的知了的。我们坐在纪念亭里，相看两无言。听说，真正的朋友，是在一起时就算沉默无言也不会觉得尴尬的。可是，为什么我会觉得浑身不自在呢？

受人之托，忠人之事。我把握在手里被汗水浸湿了一角的明信片递给你，之后，便是无尽的沉默。怎么，我们已经从无话不说到无话可说了吗？

也是这样一个夏天，也是这样一个午后，也是这样一片知了叫声。广场上空无一人，偶尔有飞鸟掠过蓝天，大朵大朵的白云优哉游哉地飘着，享受着微风轻拂。我站在纪念亭的中央，研究这纪念碑上刻着的文字。研究到眼睛痛了，就揉着眼睛坐在旁边的石板凳上。一个转身，你那明媚的笑容尽收眼底，给人如沐春风之感。你说，嗨！我们做个朋友吧！

2

2009年的夏天，我们经历了升中考试。似乎冥冥中的注定，我们来到同一所中学进了同一个教室住在同一个宿舍。从此我们十指交扣走遍校园的每一个角落，散满音符的校园小道上，一味花香，一场追逐，一种叫幸福的情愫在蔓延。你说，我们像连体婴，手牵手，一直走，走到世界的尽头。

宿舍旁边的小食堂永远都是人满为患。晚自习下课铃声响起的刹那，我们总是第一批冲出教室。一碗麻辣烫，是你每晚必不可少的。你怕烫，就命令我帮你端汤，你知道，我一定有办法把这个烫手山芋接下来。我们就这样一前一后地往宿舍方向走，柔美的夜色给大地镀了一层银光，把我们的影子拉得很长很长。夜空蓝得深邃，有两颗璀璨的星星一闪一闪靠得很近。你指着其中一颗说，嗨，那颗星星是你的化身，而我，就是离你最近的那颗。月光如水，万物静谧。

于是，我用整个夏天的时光，给你折了一罐满满的纸星星。

3

2010年夏末的一天，有人告诉我，那天是你的生日。那一刻，五味杂陈。生日？认识你那么久，我居然不知道你的生日。我到校园超市买了两包糖——红豆奶糖。我笑得愧疚，你一脸茫然地望着我，直到有人说生日快乐，你才反应过来。

那天的最后一节课是政治课，我们做了一个活动。在一页纸上先画上一个小小的圆，然后在这个圆的基础上画上比这个圆更大的圆，以此类推，圆套圆，圈外圈，再分别在圆圈内写上陌生人、同学、朋友、好朋友、知心朋友，美其名曰"人际关系树轮"。我小心翼翼地在最里面的圆圈里写上你的名字的缩写，想象着我们会不会心有灵犀。放学后，我刚好站在你的座位旁边，顺手拿起你课桌上的政治书，有点心虚又满心欢喜地说，我要看你的"人际关系树轮"。我笑着翻开页码的那一瞬间，空气变得好稀薄，笑容凝固，时间定格，细碎的阳光穿过树叶经脉跳到我的手上传递着光热，我只觉得大脑停止了运转。你的人际关系树轮中，最小最圆的圈里，是一个我不认识的名字，而在其他的圆里，我找不到有我的影子。难道，我连陌生人都不如？

　　你说，那个活动是没有做完的，因为下课铃声响了。我相信你。只是，我变得不再是我，你也不再是你。

4

　　2011年春末夏初，宿舍调整，我和你依旧在同一屋檐下平波无澜地过着似是而非的生活。或许，我们始终保留着彼此最初的模样。我猜测。

　　你把头发蓄起来了，我把头发剪短了。踏进理发店之前，我抄起剪刀剪下一小段头发，用丝线绑起来。有一次月考，这一短头发在我笔下成了一个故事。当老师把我的作文念出来的时候，我看到，你弯起来的嘴角。

　　蓦然回首，所有的过往浮上心头，我发现，自己真是矫情得可以。以你为中心那么久，我却忘了，真正的爱，是付出而不是占有，友情亦是这般。

　　我还忘了，给你足够的温暖。

　　那天晚上，宿舍里聊到了外遇的问题。我第一次知道了你的家庭背景，你的父亲成了话题的主角。你激愤地骂着你的父亲忘恩负义，怜悯你母亲的忍辱负重，最后，你哭了。宿舍里一片沉寂，黑暗中，我就坐在你对面的床铺上，仿佛看见了你抖动的肩膀以及哭红了的双眼。我多想拥着你说，我愿意给你所有的温暖。然而，我没有。

5

2012年初，我们即将面临中考，分班结果已经发布到学校的贴吧上，我们，不再是同班同宿舍。我平静地接受了，连我自己都讶于我的态度，也许，这就是传说中的心如止水吧，中考非儿戏。我觉得自己很幸福，因为在分班以后我们没有陌路。一声欢快爽朗的招呼，一个清新美妙的微笑，一个热情温暖的拥抱。我说，我们一起留在这个学校吧。你说，好。

中考末班车终于驶进了终点站，张扬的青春打马而过。有些事不是你想就可以实现的，就像，最后的我们没有在同一个学校。

6

你还是像最初见面的时候一样，坐在我的对面，你的头发已经扎起了马尾，而我，又一次剪短了头发。忽然间，我笑了，我说，你还欠我一首歌呢。是的，你还欠我一首歌，你说过要给我唱一首小刚的歌——《有没有那么一首歌会让你想起我》。我曾经做过一个梦，那是在分班以前，你坐在我的后面，哼着这首我最爱的歌谣。其实，这首歌你已经还给我了，在梦里。

闻言，你轻轻地笑了。

"有没有那么一首歌，会让你轻轻跟着和……"

年年盛夏，都是离别的季节。我坚信，分别是为了下一个团聚。

总有那么一个人，那么一首歌，会让你们想起还有这样一个我。

相 忘 江 湖

潘韵诗

　　那些触动你心的往事，终究会随时间流逝，渐渐遗忘，其实我们并没有想象那般在乎。

　　季宛凉出现在街角的时候，太阳已经沉了大半，尽管余晖未尽，这条老街还是已经笼罩在青灰的烟雾中。我闻到了空气中盐焗鸡的味道，心中不禁有些焦急，"喂，凉少爷，有话你快说啊，不要再跟着我了。"可能是因为肚子饿引发的不快，我的语气有些嫌弃。

　　"那个，方言，快要中考了，你……"是因为夕阳太红的缘故吧，季宛凉的脸微微有些红，像此时天边的彩霞。他把手放进了裤兜里，晚风吹起他的衣摆，夏日的风很舒服，我想念在家里吃完晚餐吹风看书的惬意。

　　"算了算了，再见。"季宛凉的欲言又止让我失去耐心，我的胃已经在叫嚣了，不理会此刻俊美得犹如画中走出的他，转身离去。

"你有什么话想跟我说吗，方言？"似乎因为我加快的步伐，逼迫他把话说了出来，可是这是什么啊，他从学校跟到我家，不应该是他和我说吗？我没好气地回头，"没有。"我看见了站在树下的他，然后弥漫出失落的气息。太阳已经完全沉下去了，又一个黑夜来临，青黑的夜空只有一颗星星。他站在树影交错的地方。附近的人都回家吃饭去了，这老旧的街道上就只有我和他，这一刻静谧得好像一幅画，画中的少年身影单薄，穿着白衬衫黑长裤，斜挎着一个包，同样着装的少女头也不回地走了。

我掏出钥匙开了门，鞋也不换，奔进了厨房，"好饿啊，可以吃了没有？"没说完就把手伸进了盘子里，拿起一块鸡肉就扔进嘴里。厨房里充满着焗鸡的香味，橘黄的灯光下，母亲围着围裙，把菜端上桌，"下面那个男孩子是谁？很眼熟。"嘴里的鸡肉还来不及吞咽，开口就含糊不清地回答，"同学。"确实，在初三的班级里说不过几句话的同学而已，今晚的交集让我感到意外。"洗完手再吃。"母亲把围裙脱下，挂在了墙上。

一直到毕业，我与季宛凉都没有说过一句话，那日傍晚的事不真实得像一个梦。

这条老旧的街道终于装上了路灯，温暖颜色的灯光透过树枝落在水泥地上，在相互交错的斑驳树影里显得狰狞。我和我的第一个男友并肩走在这条街道上，今天我向他表白，他回应了。初秋，寒风萧瑟却并不觉得冷，两颗年轻温热的心紧紧靠在一起，街上的行人依旧少得不像话。

"我到了，你回去吧。"我停住脚步，有些不舍地开口，眼神期待地望向他，在心底细细描绘他的轮廓。

"嗯。"嘴巴都没有张开，在喉咙里发出闷闷的声音，有些疏离。

"你有没有什么话想对我说？"我说出这句话时，才惊觉这句话是那么熟悉，在两年前的夏天，有个叫季宛凉的男生在同样的地点，问过相似的话，"你有什么话想对我说吗？方言。"我此刻才体味到这句话所饱含的情感。

"再见。"男生说完转身就走了，风停止了，秋虫的鸣叫也停止了，这才是真正的安静。男生的背影像漫画里的美少年一样好看，是所有青春少女动心的对象，修身的衣服走动起来也不会像白衬衫一样摆动。

开门后把布鞋换了，在客厅放下书包，洗了手，安静坐在餐桌前。"下面那个跟你走在一起的男孩子是谁？"母亲把手放在围裙上擦了擦，帮我拿来了碗筷。"同学。"同样的问话，同样的回答，心情却不能像两年前一样平静，突然觉得有些难过。母亲没有再说什么。

深夜了，我的思绪仍未停止，脑子里季宛凉的身影和男友的重叠在一起，分不清楚，想不明白，我此刻在思念谁。

　　我想起了夏夜里的第一颗星星，那个傍晚，季宛凉跟夜幕下的星星一样孤单。我没有看见他眼里忽然陨落的光芒，看不见他嘴角来不及掩饰的自嘲，也看不见校服口袋里遮掩不住的信封，我只想到学习了一天筋疲力尽的自己，不想他跟从我到这偏僻街区的原因。

　　我从床上爬起来，打开了灯，骤然的白光让我的眼睛有些不适，摇晃着走近书桌，从抽屉里取出了同学录，书页崭新得如同从未被翻阅过。轻微的脚步声渐行渐近，母亲打开了门，把顶着乱糟糟头发的头伸进来，"阿言，这么晚了还不睡？"我的视线没有离开书页，"嗯，快了。"母亲把头退了出去。

　　"妈，你还记得初三快毕业考试时那个在我们家楼下的男生吗？"我忽然想起那个晚上，母亲说了一句："很眼熟。"

　　"他不是住在这附近吗，回家经常走在你后面？"母亲重新把头伸了进来，带着不解又说了一句："怎么了吗？"

　　我知道，我初中的班级只有我一个人住在这老旧的街。"哦，没事，你回去睡吧，等一下我就睡了。"

　　母亲再次缩回了身子，把门关上了，轻手轻脚地离开。等到拖鞋摩擦地砖的声音消失，我拿出手机按下了同学录里他的号码，拨了过去。

　　手机传出"嘟……"的提示音后，我才惊觉自己的莽撞，屏幕显示已经是凌晨一点多了，季宛凉肯定已经休息了，只有心事重重的我夜不能寐。或许他已经忘记了两年前的夏夜，忘记了当初自己的忐忑心事，重归平静的生活，甚至忘记了谁是方言。因为我自己，除了晚风拂起他的衣摆，其他的都忘了。

初秋的夜晚很凉，一直凉到心里，手机接通了，彼端传来他略带怒气的声音，经过手机的扩音，显得冰冷生硬，"喂……"

我慌忙地挂断了，尽管他的话余音未了。我不知道该跟他说些什么，好久不见还是你最近好吗，不管说什么都显得我像个疯子，半夜打电话来跟老同学叙旧。把手机放在桌面上，通讯录也塞回抽屉，抱着双臂窝回了床上，搂着抱枕，沉沉入睡。

就这样算了吧，过各自的生活，相忘于江湖。

当我听到这首歌

唐柠

晚上坐在电脑前无所事事地浏览网页的时候，我突然看到有个关系很好的朋友在唱吧里上传了一首歌，那首歌的名字叫《当我唱起这首歌》，很柔和的旋律，当我听到"当我唱起这首歌，我又想起你了"这句歌词的时候，我真的想起了某个姑娘。

这个姑娘叫范范，我们是前后桌，都特别爱唱歌。我爱李宇春，她爱张韶涵。很多时候，我们总是会在不经意间哼起同一首歌的同一段，发现后两个人就肆无忌惮地哈哈大笑。其实听到很多歌我都会想起范范来。

有次我发了个短信给范范说：今天吃了茼麦菜，于是就华丽丽地想起了你唱"大白菜鸡毛菜，空心菜茼麦菜"的样子，像我这种从来没听过这首歌的人在你的影响下都会哼上几句了。她回复说：原来当时我那形象这么深入人心呀。

手机里的短信套餐几乎每个月都用不完，所以每个月末我都会编辑一条祝福短信发给一些我认为重要的人，当然，包括范范。范范总是说，谢谢你还记得我。

以前我们两个老爱结伴去逛街，整座小城的美食我们几乎都吃过。记得有一次范范带着我去一条小街道的巷弄里，她说那里有位老爷爷的铁板烧特别好吃，种类繁多还很便宜，价钱都是几毛钱几毛钱的。那是一个年近花甲的老人，但炒铁板的动作却很娴熟，后来每次想到这个地方，也都能想到是范范带我去的。

范范对粉红色有着近乎狂热的喜爱，文具、衣服、手机、生活用品，只要有粉红色的，她都能把那些东西买来。我总觉得这颜色太过于小女生，可不管室友们平日里怎么吐槽，她都不为所动，还是会把很多粉色系的东西搬到宿舍来。

有一次，张韶涵来我们这座小城参加《欢乐中国行》，范范得知这个消息，整个人都像疯了一样到处嚷嚷"我就算逃课也要去那里看一看"！想要门票几乎是不可能的了，但是范范还是坚持去了活动举办的场地，她说："就算站在外面听一听我家张韶涵的声音，我也会觉得这是件特别幸福的事情。"我想如果来的是李宇春，我也会和她一样。后来我写了个关于张韶涵的几百字的小文章投给了我们平日里最喜欢看的杂志，把稿子投出去之后，我悄悄告诉她说："我投了篇关于你们家张韶涵的文哟！"
她眼神特别坚定地对我说："一定会过稿的，我相信
你！"等到那篇稿子发表出来的时候，我们俩都毕业了，
范范几乎跑遍了整座城市才买到那一期杂志。曾经的她只
要买到喜爱的东西就会忍不住尖叫，不知道现在的她是不
是还是这个样子的。

现在的我在安静下来的时候总是会不由自主地怀念那
些纯白的小时光，大家一起哭一起笑，一起半夜聊天唱歌
不睡觉。那个时候的我们觉得三年真的很漫长，不知道要
熬到什么时候，可转眼间就各奔东西，再转身回望，原来
三年的时光就这么倏忽走到了尽头。

人生就是这样吧，当你拥有的时候，根本就不会想着
去珍惜，只有当你真的失去了，才会发现原来我们习以为
常的东西会变得弥足珍贵。

电脑播放器里正放着S.H.E的《美丽新世界》，播放
模式是单曲循环。每当我听到这首歌，就会想到范范在
KTV里完全不顾形象地陪着我歇斯底里地大唱时的样子。
站在时光这端，我只想说：再见了，那些我们一起犯二的
时光。

十六岁的斑驳蓝

青果先森

打开电脑的时候，安好刷的一条微博消息立马跃入我的眼帘。

"我只记得我一直睁大眼睛，一点儿都不害怕。因为摩天轮上升到最高点的那一刻，即使是恐高的我也看到了无与伦比的美丽。2012，夏天的结束。于哈市。"

下面还附上了我和邓佳欣在摩天轮里很没风度地为了抢零食吃，死捏着对方脸的照片。

此刻我更没风度地在后面回了一句："是啊，你一点儿都不害怕。那天晚上在摩天轮里吓得嗷嗷叫唤，然后抓着我的手死也不松开，后来还一屁股坐碎我一袋薯片的那货是鬼啊！"

我能想象安好看见我的回复以后挑眉笑的样子，一脸的无可奈何。正如她可以准确无误地说出我每次笑着吐槽她带着文艺范儿的微博的时候，可以露出几颗牙。

安好和邓佳欣是我的两个最佳损友。三个人经常把寝室弄得乱七八糟，隔几天就玩个"乾坤大挪移"——把寝室的床、柜子、鞋架、盆架像推箱子游戏一样推来推去。为这事儿，寝室长曾经扬言要追杀我们。寝室老八还真听话，举个扫把做哈利·波特状就要来拍人，吓得我拽着两个损友满世界乱窜。我拉着她俩一口气跑到南操场的升旗台旁，气喘吁吁地回望时才发现，哇，老八根本没出寝室楼……

所以我遭到了两个忘恩负义的白眼狼的集体围攻。

佳欣是班花，也是班上唯一一个把短发梳得很漂亮的妹子，所以她很注意发型的保养。每次学校放周假的时候，她都会去学校后面的理发店修剪一下，我和安好就打着"护花使者"的旗号陪她到理发店打酱油。后来酱油打完了，等人又实在无聊，我就和安好商量，干脆把头发都剪成佳欣那样的短发吧，正好还是姐妹头。结果返校的时候班主任不乐意了。本来佳欣的发型就是违纪的，只是看在她学习好的份儿上老师没说过什么。但经过我和安好这么一折腾，脾气再好的老师也愤怒了，比愤怒的小鸟还愤怒。他在早自习的时候把我们拎出去训话："你们这什么发型啊？鬓发留那么长干吗？拴驴？仨人，六头驴！"

我愣是没明白他是想说我们仨的头发可以拴六头驴，

还是骂我们仨可以抵六头驴。

最后我们三个被批了半天假出去剪头发。佳欣脾气冲，宁死也不把头发剪成和班里其他女生一样的"村姑头"。往理发店一坐就跟身后的理发师说："剪毛寸。"理发师愣了半天问，啥？佳欣越发坚定地说："剪毛寸。"说完还一指我和安好，说："她俩也剪。剪一样的。"还没等我反应过来，无情的剪刀就咔嚓一下剪短了脑瓜顶儿的一片秀发……

于是，三个新生代变态版"帅哥"横空出世。

我们在理发店旁边的小吃店满怀哀痛地追忆了一下离我们而去的头发，然后开开心心地大吃了一顿，又乐颠颠儿地回学校。进校门的时候还接受了看门大爷超惊悚的目光的洗礼。

毋庸置疑地，那天，我们三个成了全班的焦点。

因为"太爷们儿"的缘故，我心仪已久的男生取消了和我周末出去看电影的计划，直说家里有事；安好的男朋友和她当机立断地分手，一脸不舍地跟她说想要好好学习，说完了跑得跟逃命似的……只有佳欣那边儿什么事都没有。但她非不乐意好好的，不折腾出点事就浑身不自在。她上课的时候传纸条过来，让我和安好放学去天台上等她，说有好戏上演。我们琢磨半天，愣是不明白她葫芦里卖的什么药。

说是让我们等她，其实我们到的时候她早就到了。我们刚从楼梯跑上来，就看见她和她男朋友站在天台的防护网旁边往下看。

佳欣看见我俩出现，突然笑着对男朋友说："你愿意为我而死吗？"

此话一出，立刻雷翻了楼梯口的我们两人。我当时各种脑补之后的情节：男孩儿深情地注视着邓大美女说什么什么类似于"蒲草韧如丝，磐石无转移""为你疯为你狂为你晄晄撞大墙"的狗血台词，然后两个人在有微风吹过的天台顶上十指相扣一起唱，"海可枯石可烂天可崩地可裂，我们肩并着肩手牵着手"。

果然，男孩儿极认真地看着佳欣地眼睛说："愿意，为你做什么我都愿意。"

嗯，琼瑶大妈看到这种场面一定会欣慰的！

我顿时闻到了浓浓的狗血气息。刚想问旁边的安好有没有闻到同样的气味的时候，邓佳欣出人意料地指着防护网说："那你从这爬上去然后跳下去啊。"

男孩儿怔了半天，愤愤地扔下了女一号邓佳欣以及作为围观群众的我和安好，从楼梯走下了天台。

佳欣好像还没玩够，又指着我们两个无辜群众问："你俩敢不敢为我而死？"

我和安好互相传递了一下眼色，同时抓着防护网做攀爬状。佳欣一下子慌了，拽着我俩衣服不让我俩上去。我顿时乐了："你傻啊？就算你跳下去我俩都不能去。"

然后佳欣的绣花拳就落在了我身上。

一如安好所言，三人行，我最招打。

2012年夏天，安好去住在哈尔滨的奶奶家玩，待了几天就打电话回来哭着嚎着要回来见我们。我和佳欣正好在家闲得慌，就和家里打了招呼说旅游散心，搭伴儿去哈市找她。

是夜，我们三人坐在摩天轮里吃东西——或者说得准确点儿，我和邓佳欣吃着东西看对面座位上闭着眼睛脸色煞白的安好。佳欣说本来挺浪漫的东西，活活让这个恐高症患者糟蹋了。

转到最高点的时候，安好睁开了眼睛往下看，旖旎的夜色似乎把她吓着了，她用最快速度冲到我和佳欣这边。佳欣怕重力失衡，立马蹿到安好原先的位置上。安好一屁股坐到我还未开封的那袋薯片上，随着薯片袋崩开的"嘭！"的一声，夏天结束了，我的胳膊也被她抓红了。

从摩天轮上下来，安好扶着路边的树吐得稀里哗啦，我为那棵可怜的树感到惋惜……估计它是活不长了。然后我们去吃大排档，找一间普普通通的小宾馆，三个人挤一间。看着佳欣和安好的睡颜，我有种无比的幸福感。

——我们趁着年轻可劲儿疯闹。

——我们在绚烂的年华里把自己展现得最好。

——我们只愿携手相伴，一直到老。

阳光微暖，岁月静好。

成长路上无论风景如何，只要你我都在，就好。

明天，请你善待我

少年剑客

周笑冰

1

你站在买火车票的队伍中左顾右盼神情焦急，眉毛几乎要皱到天上去，你站在老师的面前低眉顺眼恨不得能把头低到地里去，你站在喜欢的男孩儿和他的现在时女友面前希望自己即刻消失在虚无中……我知道你的心里在想什么。你希望自己是段誉、郭靖、张无忌、李寻欢或者随便是什么江湖大侠门派掌门人，再不济是天山童姥也凑合，顺便便出一招凌波微步、乾坤大挪移跑路比谁都顺畅，或者"唰唰唰"小李飞刀例无虚发，气壮山河地大喊一声：飞短流长、妖魔鬼怪统统给我下地狱去吧！

多么意气风发义薄云天，总之就是很有意义，可是你终究不是女巫，打个响指就能心想事成。于是你还是恨恨地排着看不见尽头的队伍挤出八分愧疚两分奋发的笑容应付老师，面不改色地经过秀甜蜜的情侣被拦下就虚伪地说一声，"哦，原来是你们俩啊。"一点儿都不惊心动魄。

不要着急烧掉那么多的武侠小说，也不要着急扔掉藏在卧室里的塑料刀剑，我即将要告诉你的是很多成年人都不知道的秘密。

这个世界，是有侠客存在的。嘘——

2

我第一次看见黄药师的时候，跟你们一样，以为他不过是个被爱慕富贵的妻子甩掉的可怜虫。你知道的，不是每一个老男人都叫作钻石王老五。所以我面不改色地走过他的煎饼铺子，完全没有料到我可能在不经意间错过了一场够我后悔下半生的奇遇。

但是，你要知道很多武侠小说真正的高潮都是从"但是"开始的。一个默默无闻的小子被人追杀到了悬崖，跳下去但是没有死；一个绝世美女遵从父母之命嫁给了妻妾成群的衰老王爷，但是成婚前夜莫名失踪……如果没有"但是"这一意料之外又顺理成章的转折，武侠小说的销量至少要少一半。

我面不改色地走过了他的煎饼铺子，但是那个肤色黝

明天，请你善待我

黑手指却是熏得焦黄的男人唤住了我。出乎我意料的是，他的牙齿白皙异类得不像是他身体器官中的一部分。这看似微不足道的细节已经够了，很多避世而居的高手都输在了细微的可以被忽略的事情上。

"小姑娘，来个煎饼吧。"男人质朴地笑着，像极了每一个你在自己家楼下见过的卖水饺、卖鸡蛋汉堡的中年男人。如果硬要说他们有什么不同，那么就是他的身上有着隐约的葱花味儿，那是早上做配料遗留下来的。

此时我已经起了戒心，客客气气地对他说："那么就给我来一份儿吧，加个鸡蛋。"

他的笑容又扩大了些，用迷人来描述似乎也不为过。他手脚利落地取出面团，拍在板上，一招一式、一起一落，尽显大家风范，一看便是行家里手。他拿着葱的姿势像是拿着什么倾世乐器，油在锅里啪啪作响，我立刻醒悟起"碧海潮生"四个字，也立刻知道了他是谁！那根看似普通的擀面杖的真实身份也就不言而喻了。

"最近生意还好吧？"我试探着问。他是聪明人，肯定知道我问的才不是这小小的煎饼摊子，而是千里之外他的桃花岛度假山庄。

他露出了然的神情，"最近生意倒是不错，不过城管……嗨，你是知道的，过日子还是过得下去的。"

我当然知道，看来江湖上的仇家已经闻风找到了桃花岛，虽然药师足智多谋，更是精通奇门遁甲之术，不过小贼那么多也足够他烦恼一阵了。

"不找个帮手吗，生意这么红火？"我试探着问。

黄药师摆手叹气，"这年头，年轻人心思都躁得很，留不得留不得。"

知道惹得他想起了被徒弟背叛的往事，我赧然一笑，暗骂自己怎么这么不会说话。不过药师毕竟是药师，怎么可能纠缠于这种事情上过久，他很快展开笑容，"姑娘，你上大学了吧？岁数还小着，多读点书是好事。我那女婿可就太笨了，学校都懒得要他。"

知道他说的是郭靖，我立刻接上话，"傻人有傻福，他日必有大成。"

"哈哈。"黄药师很是受用，"他傻是傻，不过还是很有志气，我那些家业本待留给女儿跟他，不过这小子不肯要，非要去新西方学什么'叫花鸡'，嗨，老老实实跟我做煎饼不好吗？洪七公自己懒得要死，能教他什么正经菜式……"

他发现自己说多了，立马封口，把煎饼递给我，"三块五，给三块就行。"

我怎么肯占他便宜，谁知道另外有没有什么绝世高人站在旁边看我不图蝇头小利大有可为决定收我为徒。他推辞不过，还是收了全款，热情地讲，"姑娘下次还来啊！"

收拾食材的他看起来跟别人没什么两样，不过那几根竖立在摊子前的招牌已经足够暴露他的身份，平常人谁没事会摆个奇门遁甲的阵势在那里？我本来想提醒他小心隐藏行迹，可是看了看五米远那个做手抓饼的女子头发凌乱神情哀怨地往这边看，我决定还是趁梅超风发现我之前溜掉算了。

3

转角我没有遇见爱，但是遇见了两个穿着附中校服的男生不依不饶地打在了一起。一个胸前还着团徽，一看就是老师眼中的好学生、老爸眼中的好儿子；一个面相清秀，手下也有点真功夫，不过似乎是顾忌着对手的安全没有下狠手。

"张无忌，你不用让着我，我们就完完整整地打一场架，看看最后是你输还是我输！"那个好学生的脸色立刻变得十分难看，估计月考跌出前五的气色也就这样了。

"宋青书同学，你千万冷静下。"那个男生也有点照应不过来，声音变得狼狈，"你好歹要告诉我为什么看我不顺眼吧？"

"你还敢狡辩？"宋青书怒发冲冠，"周芷若学妹那么喜欢你，在广播站给你点歌，你既然没有拒绝她，干吗还跟赵敏那个小太妹乱混？"

"这可是天大的误会，"张无忌显然是松了一口气，

"我还当是什么事情呢。我跟周芷若学妹可是清清白白的关系，只是分在了一个小组要协作调研。我跟赵敏也只不过是老师吩咐的一帮一，我负责教她思想品德而已。怎么到宋青书你口里就变味了？"

"你还好意思说！"宋青书更加生气，一拳闷到张无忌的脸上，"还有你表妹蛛儿明明是实验中学的，干吗成天跑我们附中来？你家保姆的女儿小昭这学期还特意转到了你们班。你你你……你作为社团联合会负责人有严重作风问题，你看这次指导老师张三丰还有颜面偏向你不？"

原来不仅仅是儿女情长，还有权力斗争问题，我恍然大悟。那边的张无忌显然唇齿已经不够用了，只会说些宋青书你这么说可就太过分了，我张无忌问心无愧之类的话。

咳咳咳，真是笨嘴拙舌，我当然也不会好心帮他，反正他身后"无忌哥哥后援团"那么庞大，花痴的小女生不好惹，根本不担心他会落下风。

丢下还在手脚并用的两个人，我走过弄堂，看见一个烫着波浪还画着指甲的美丽小女生在那里默不作声地看着。

"赵敏，你怎么不去帮张无忌？"我好奇地问。

"呸，谁要理他！"赵敏恨恨地说，"永远捋不清自己感情线的白痴男生，他不跟宋青书把我们俩的关系说明白了，我就是看他被宋青书的唾沫淹死也不会帮忙的！"

　　收回之前的话，美丽又不花痴的女孩子才不好惹，我默默为张无忌祈祷。宋青书算什么，赵敏才是掣肘你一辈子的人。自求多福吧。

　　不过谁敢说这不是幸福呢？

<h2 style="text-align:center">4</h2>

　　晚上的烧烤城总是格外热闹，我越过一堆又一堆聚会的人群，走到跟我约好见面的学长面前。

　　"寻欢学长，你怎么又喝这么多？"我自动自发地把还没有喝的酒瓶藏了起来。

　　"你来了啊。"李寻欢学长虽然很应景地对我说话，不过估计他根本没发现坐在他面前的人是男是女。

　　眼看他又灌了一瓶"雪花"，面对着手机墙纸自言自语，我就知道他还是为情伤神。这么多天，还是忘不了。

　　"学长，你既然不舍得，干吗要放诗音学姐跟龙啸云助教去美国做交流生啊？"我劝道。

　　"你不懂。"学长一副看破红尘的样子，招呼老板，"再上五瓶啤酒和十个大肉串。"

　　我知道多说无效，索性不与他纠缠，打开煎饼袋子，对着他啃煎饼。晚餐吃肉会胖，作为一个女侠，我一直坚持着这个不怎么女侠的原则。

　　手上系着铃铛手链的老板娘端着托盘过来了，笑意盈盈地说，"客官慢用。"

"嘿，灵琳，你怎么不开甜品店转卖烧烤了？"我问。

"还不是那边的烤鱼西施上官小仙害的！"丁灵琳甩一甩手腕，铃铛声就响彻了烧烤城，"每次给我和小叶送外卖的时候就死命地盯着她，我与其防着她，不如当面锣对面鼓地跟她对着做生意，她会做的，我也全会做。"

还没等我说话，她就唾了一声，"敢砸本姑娘的场，不想活了！"原来一群醉鬼借酒生事，调戏那边上菜的小姑娘。

李寻欢出手了，没有人知道他是什么时候出的手，当那个人倒下的时候，我们才发现他手中的鱿鱼串中鱿鱼板还在，可是鱿鱼头不知道在什么时候消失了！

庄子云，万物齐一。就是说，只要你功夫够好，无论拿的是小李飞刀还是钻笔刀，拿的是斧头还是鱿鱼头，都一定能够制胜。

醉鬼被人抬走了，李寻欢继续坐在那里喝酒，没有人知道这个失意人刚刚制服了一个醉鬼。在烧烤城，只要有人闹事，只要李寻欢在，那么出手的一定就是他。不是因为他残暴，而是因为他仁慈。

如果他不出手，必定会有其他人出手。如果方才是那个卖糖炒栗子的熊姥姥出手，那么我保证那个小子自此绝对会留下浓重的心理阴影。不仅是栗子，恐怕连松子、榛

成长是坚韧不拔的毅力

子都不敢再吃了。

　　李寻欢还在喝，百杯不醉其实是一种活生生的浪费。我准备出去透透气，到时候叫李寻欢寝室里善良又单纯的阿飞学长给他带回去就好。

<h2 style="text-align:center">5</h2>

　　我去买耳环，饰品店的慕容老板娘听见门口悬挂的风铃声音，惊喜地抬起头，看见是我的时候，嘴上没有讲话，可是神情明显失落了几分。

　　"谢三少又关掉店铺，出去远游了吗？"我一边挑着花色，一边跟她讲。

　　"呵，谁理他。"慕容秋荻嘴是硬的，心却是软的。她玉手轻灵，正在镌刻银饰。我没有见过比她更美丽聪慧的女子，也没有见过比她更哀怨的女子。

　　谢家三少谢晓峰我是见过的，那天我在大街小巷里找那家舍友口中无比美味的章鱼小丸子，他倚在路边，好似流浪汉。只是那双明朗如晨星的眸子出卖了他，我本无意点破他，他却看着我说："你知道我是谁吗？"

　　"你是谢家三少谢晓峰，继承家业，调酒调得出神入化，谁人不知哪个不晓？"我笑。

　　他却不开心，颓然倒下去。我就是在那个时候看见慕容秋荻的，她面色复杂地看着他，眼中似有无限情意，最后只化作一声长叹。

后来，对着神剑酒吧另起了一家红叶饰品店，我也成了常客。看慕容秋荻在招揽顾客的余暇绣着十字绣，恐怕只有我知道那看似平常的绣针是红叶山庄不外传的暗器。她一针一线究竟是要把情意密密缝进去，还是借此修炼指法，留待恨之至时一针毙命。我不知道，我不知道她自己知不知道。

6

喜欢用弹弓打鸟雀的调皮小孩儿说不定会在你不经意中长成正义凛然的郭靖，那个娇滴滴丢了心爱的手帕就哭了半天的小女孩儿突然就变幻成无畏无惧的铁心兰，体检时给你扎针稳准狠的年轻小护士其实就是苏樱，你也千万不要招惹上那个在游乐场冲你笑的风流又好看的男生，说不定他同时跟着七个女生交往。

这才是事实的真相，你所不知道的真相。我们的身边有侠客，那些传说中的人物，其实他们还在这里，换了一套衣服和一种姿态，看着你翻找着武侠小说，笑得微微妙。

这样的话，就没有什么过不了的坎和承受不住的痛苦。任你雨打风吹，我扔过去拜托赵半山制造的一团又一团暗器（虽然红花会的主子太优柔寡断，可是他们家出品的暗器可真是管用啊），鱼肠剑挡身护体，百毒不侵。若还有闲情逸致，就在正堂处悬挂一副对联，上联张无忌，下联李逍遥，恰恰浑然天成。

当然也可以适当柔软一下，假装气力不支地倒在杨康、顾惜朝、花无缺或者随便哪个美男怀里，抱怨一句："你怎么才来，我好怕再也见不到你。"

如此这般说的话，风花雪月，便无处不传奇。

岁月静好，思念无声

洛云裳

亲爱的少年：

你离开还不到一个月，我却开始想念你，不知道远方的你是不是也像我想你一样想我。

记忆中，我们两个仿佛一旦在一起就会产生激烈的化学反应。在吵嘴的时候，你总会知道如何点燃我的小宇宙，让我生气到爆炸。事后，在我生着闷气的时候，你却又跟个没事儿人一样把我呼来喝去。

我知道，你肯定又忘记了才过去不过几小时的争吵。你还对我的冷漠感到莫名其妙，让我更加郁闷。这种事发生N+1次后，我变得习以为常。不然呢？要怪你记忆力不好，还是要怪我太小家子气？也多亏你了，我的心灵强大到无人能摧：和同学拌嘴后几分钟，我早就忘光光了，他还趴在桌子上闷闷不乐，我还自讨没趣地去问他发生了什么事。

　　我从出生后就夺走了你在家中的小霸王的地位，分走一半父母的爱，也许还不止一半。你偶有抱怨几句，说爸爸妈妈偏心。我知道你也和他们一样疼爱着我。不是这样的话，你怎么会在我二年级被男生欺负的时候站出来教训那个男生？不是这样的话，你怎么会用你一个月辛苦赚来的全部钱给我买衣服？

　　你知道吗，你买的衣服在冬天总是特别温暖，我总穿着向同学们炫耀你对我有多好，并说些我从不会在你面前说的煽情的话。

　　还记得有一次亲戚聚在一起的时候，一个亲戚说有一户人家特别重男轻女，问你："我们家是不是也这样？"然后你淡淡地回答他说："我们家重女轻男。"在场的人包括我在内都被你的话逗笑，本来有些沉闷的气氛变得活跃起来。

　　然后你不断对你的话加以重申并列举了很多事实。我只顾在旁边对你的遭遇表示深切同情，并对父母的行为加以严厉"批判"。你知道吗，我常为我生在这个家庭而感到高兴，因为有父母和你的疼爱，因为没有传说中的重男轻女，即使在这闭塞的山村。

　　你叛逆的表面下隐藏着很多人没有的乖巧、善良以及懂事，而表面是乖乖女的我的内心深处却藏着一只蠢蠢欲动的野兽。

不同的我们，注定要走上不同的人生道路。你被退学后就开始了你的打工生涯。

过早进入社会这个大学的你比谁都明白读书的重要性，你老是警告我不要和你走上同样的路。所以我现在仍沿着一个普通学子的轨迹走，一步一步，脚踏实地：上了小学上中学，上了中学上大学。虽然高考的门槛横在我面前，不过我会坚定地迈过去的，因为不想让父母和你失望。

你曾经说过，等我考上了大学，你每月都会寄钱给我当生活费。你不知道当时我听完这话立即背对你是为了掩盖我即将滴落的泪。你让我不要这么省吃俭用，该花的就要花。那么你呢，却什么都不舍得为自己买，只管将自己辛苦赚来的钱一点一点攒起来，然后寄回家。曾经桀骜不驯的少年，现在却懂事得令人心疼。

如今，我们俩一个北半球，一个南半球；一个冰冷的冬天，一个热烈的夏天；六个小时的时差。离得愈遥远，我们的心贴得愈近。尽管我们都不会对对方说些诸如想念、爱之类的煽情的话语，心里却真真切切流淌着一阵暖流，在和对方短暂的通话时间里。

我亲爱的少年，我希望你能好好的，一个人在外的日子不容易，要学会好好照顾自己。今天是冬节，祝贺你又老了一岁。最后的最后，让我叫你一声：老哥。

洛云裳

十三个少年

赫 乔

十三对我来说是个很特别的数字，就好像温柔的奇迹，一个关于成长的密语。

苹 果 少 年

苹果真是非常好的食物啊。

他每天都要带几个苹果来学校，桌洞里就老是有淡淡的香气。他说，苹果营养价值最均衡，上午吃苹果是吃金锜锜。

我才没那么金贵，所以在他一开始吃的时候毫不在意。但是渐渐地，那个味道绕过来绕过去地爬上我的心头，好想咔嚓咬上一口啊。

所以第二天我也在桌洞里放了一个苹果，却没舍得吃，一直留到了晚上才终于洗干净握在手心里，趁着晚自习的课间吃了起来。一个苹果是一顿饭钱呢，明天不可以再这么奢侈了，我在心里打着小算盘。

第三天，桌洞里竟然又有了一个苹果。他说，是昨天那个生的苹果宝宝吧？

我低头咬着鲜甜的果肉，完全明白是他放进去的，所以自在地扬起了嘴角。

长 椅 少 年

开春的时候阳光非常好，我和他在学校的马路牙子上跳上跳下地聊天，他说，我们去坐那个长椅吧。我摇摇头，一定很硬。

他拽着我把我带到长椅前面，他说，坐下。

我像一只毫无特色的小白兔一样，坐下。

他说，你现在觉得呢。他用手指覆盖住我的眼睛。

我听见路上啪嗒啪嗒的来往人的脚步声，听见风把柳叶吹得沙沙响的声音，我感觉到细密温暖的阳光照在长椅上，顺着木板那温暖爬上我的腰我的胃我的心脏。

我说，长椅真好啊。

他说，是吧。然后坐在我旁边。

而且，不只是长椅呢。我在心里嘟囔着，知道自己的脸已经变得通红。

罗红霉素少年

我对青霉素过敏，最严重的一次在医院里挂吊瓶，隔壁床的少年递过来一盒罗红霉素，他说，这个不像青霉素那么容易伤人哟。

他给我讲关于自己的过敏故事，吃一枚菠萝，然后肿成了香肠嘴，每喝一口水，食道和胃都会撕心裂肺地疼上一阵，后来就开始忍耐，现在就好像……仙人掌一样。他说，你试试，针扎都不疼。

那时候我刚刚大哭了一场，因为我最怕扎针的，当细小的针尖戳进了我扁扁的血管，我就觉得整个人都快被掏空了，忍不住要大哭。最可怕的就是新来的实习小护士没找准血管，扎深了些就要拔出来重扎，我咬着手指说疼，把头埋在被子里不敢看。

他就在旁边，替我一直看着。

他说，罗红霉素也没有多么好，但是当你最害怕的时候，需要一个小小的安慰来治愈你啊。

从此，我再也没在打针的时候哭过了，献血的时候也没有。

眼镜布少年

喏，眼镜布借你。

我放下手中的面巾纸，狡辩着"其实面巾纸也会擦得很干净啦"，还是接过他的眼镜布来擦薄薄的眼镜片。

他说，你有没有想过呢，可能眼镜同意被架在人类的鼻子上每天接受风吹日晒，也是相信了一天的痛苦之后会有这样温暖舒适的清理吧。

我用惊愕的表情面向他，真是奇怪的人呢，竟然会这么想。

但是再看眼镜的时候，发现它之前被劣质面巾纸擦出的划痕，忍不住撅起嘴安慰它，对不起呢，以后不会了。

他笑，放学后我去眼镜店偷一张眼镜布给你好了。不要丢了。

我到底还是弄丢了。

体转运动少年

第八套广播体操……体转运动……一二三四二二三四……

转了将近二百七十度，再一口气转回来，注意到离我大概十米的他看起来有点心不在焉。但是结束之后，后面的女生突然抱住我趴着我的耳朵说，那个×××老是朝着你看呢。

我说怎么会呢。

他果然看过来，而且还两步并作一步地跑过来了，路过我们，去和体育委员说话。

于是我叹了口气。

上了大学之后，一天，文学课老师说，我理解的浪漫啊，是什么呢，你们还记得小时候吗，做课间操的时候有一个体转运动，当你转过去的时候顺着指尖看过去，你的眼神和他的眼神在茫茫人海中交汇一下。可是谁都捅不破去说。

不去说的那种沉默的距离感的美好是真美好，捂得住的才有味道。

糖葫芦少年

我最喜欢吃糖葫芦了，甚至一口气吃了十八根糖葫芦然后趴在马桶边吐得死去活来。

他举着糖葫芦找到我的时候，也是我最不想吃糖葫芦的时候。

从此以后，他每天都会不厌其烦地问我，你想吃糖葫芦吗？

我也一天天地更加讨厌他。

直到一个午后，我特别想念糖葫芦的味道了，那种淡淡的酸和猛烈的甜意。我一边连哄带骗对自己说吃糖葫芦不好，一边摆弄着手机犹犹豫豫地发短信给他，我好像，还是挺喜欢糖葫芦的。

十分钟后，我下楼打水的时候，看见他举着糖葫芦正要给我打电话。

什么话都说不出来了。

小台灯少年

上课的时候你能不能不要点着那个小台灯啊。

我气鼓鼓地对他说，我觉得那个小台灯既晃眼睛又没有什么用处，白天有阳光晚上有日光灯，所以你为什么在课桌上要点着一个小台灯呢？

他沉默了一会儿，问我，你什么时候去剪刘海？

太会转移话题了吧！

我决定不再理他。

过了几天，他又拿了一个新的小台灯，这次是小兔子形状的，一拍它的肚皮，它的头就会亮起来，目光炯炯地看着我。

他问我，你忍心让我把它再带回去吗？它生下来就是希望照亮你的。

我只能接受这个荒唐而温暖的理由了。

后来有一次啊，我在写作业的时候呢，有个女生过来把我的刘海撩起来说，你刘海太长了啊，而且你的头低得也太低了，这样对视力不好呢。

她刚要走，又折过身抬手把小台灯打开，这样就好了嘛。

电风扇少年

这里的夏天也太热了吧。

我觉得愤怒并且苦恼，为什么要转到这个城市来读书呢，为什么这家中学连电风扇都没有呢……他举起一张纸扇起来，凉快吗？

不凉快。

他举起一个文件夹扇起来，凉快吗？

一点儿都不凉快。

他张开手掌放到耳朵边上，像一只小猪一样呼哧呼哧地扇起来，凉快吗？

不知道为什么，突然觉得焦躁的心平静不少，好像很细很柔软的风吹了过来。

日记本少年

你别看……他把本子夺过去，这是日记本。

哦，我本来想偷偷看他那个老是藏在书桌最里边的牛皮纸小本子，但是被他发现了，也就放弃了。

他总是埋头刷刷地写好多话在那个本子里，然后抬起头迅速地看我一眼，好像怕我偷看一样。真是小气鬼，我把我妈打我的事情都可以告诉你，你有什么事情不能告诉我的呢。

后来我们的座位分开了，也就没再理会这件事。

到了新学校之后，他问了我的地址说要邮好吃的给我，快递到了之后，我看到好多鸭胗和巧克力这些我最喜欢的东西，还有那个牛皮纸的日记本。

我才注意到，封面上是一个光头的娃娃，憨态可掬地看着我，下面写着一行字，趁着年轻就爱吧。

葫芦丝少年

他竟然会吹葫芦丝啊，多么好玩的一种乐器呢。从葫芦里跑出来的声音，让我想起小时候荡着秋千和听爷爷讲神话故事的傍晚呢。

但是他吹得真的很差，要么就跑调了，要么就是闷音了。

我有一天终于忍不住吐槽了，你为什么要吹葫芦丝呢，你真的很不适合吹葫芦丝啊。

他说，你从东北来，东北人不是都很喜欢葫芦丝吗?

我撇着嘴说，才不是呢。

哦，那你喜欢什么乐器呢？他如释重负地放下葫芦丝，然后说，我去学。

跳皮筋儿少年

他问我，你喜欢跳皮筋儿吗？

我皱着眉头看他，你多大了啊，还跳皮筋儿。

他说，那你喜欢吗？

还好吧，小时候喜欢。

他顿了顿，说，哦。

你会不会聊天啊……我索性不再理他。分班的时候，他搬着书到另外一个班，走之前扔给我一小段发黑了的淡红色皮筋儿，他说，好几年以前的了呢。

我好奇地打量它，终于想起来，小时候跳皮筋的时候，他就是那个隔壁班被我姐借来抻着皮筋儿的少年呢，后来那个皮筋被绷得太紧折成了好几段，他就被我姐姐骂走了。

怪不得看起来呆呆傻傻这么面熟啊，我握着皮筋儿，也发起呆来了。

麦辣汉堡少年

你好啊少年。

我在心里默念了快一万遍了，你好啊少年。

他坐在角落里安静地吃一个麦辣汉堡，话说我真的很少来麦当劳的，但是这一次觉得一点儿都不遗憾呢，因为就是看着他，只是咬一个香芋派都觉得饱了。

过了一会儿，我觉得他好像是要走过来了，他真的就走过来了，甚至皱着眉头看了我一眼，然后坐在我的对面。

我跟你说过麦辣汉堡很好吃吧。

我紧张地摇摇头。

但是麦辣汉堡没有肯德基的任何一种汉堡好吃呢。

我紧张地点点头。

但是，这也是我的一家之言而已。你不要点头，我们可以去试试看。或许最后你觉得其实还是麦辣汉堡好吃，那我们就接着回来吃。

我像小鸡啄米一样点着头。

我在心里演绎了这个情景快一万遍了。

十三个少年呢，写到这里真是禁不住要感叹……他们在我的生命里，像淡淡的雾气，像梦里的小雏菊，还像我听过的掉了眼泪但又忘了名字的曲子呢。真好啊。我除此之外，都不知道说什么了，只是，真好啊。

咦，你问我为什么只写了十二个少年吗？

那么，你又是谁呢？

就算遇到过十二个少年又怎么样呢，就算以后再来几百个又怎么样呢，我遇到你了呀。

少年。

疯癫小日子

二 笨

早上醒来时发现家里安静得简直诡异，我在矛盾纠结了整整二十分钟后才想起，凌晨的时候爸妈好像跟我说过他们临时要去某某家，今天一天都不回来了，让我好好看家。我恍惚记得我老妈好像忧心忡忡地嘱咐了我一大堆话，只可惜当时我正在对着周公犯花痴，跟老妈的对话也仅限于"嗯嗯，啊啊，我知道"，至于她具体跟我说了什么，我就一个字都不记得了。"但愿不要是什么重要的事儿，不然我妈回来后发现我根本没听她说话，把我大卸八块锉骨扬灰再扔进大海里喂鱼也说不定。"

但是……今天我家就我一个人啊！

幸福的原子弹在我的胸膛中瞬间爆炸，有爱的核辐射迅速扫过我身上的每一个细胞。我果断抛弃被子，光着脚丫，拖着睡裙，顶着一个凌乱的发型，雄赳赳、气昂昂地奔向我家的电脑。

我亲爱的电脑啊，好久不见，我都想死你了啊！我挂着欣慰的笑容，进贴吧，挂QQ，其熟练程度绝不比任何一个电脑控差。但奇怪的是，今天我刚一上线，电脑右下角的小喇叭就滴滴答答地响个不停，大有要一掌把我拍在沙滩上的气势。呃……我一不是萝莉二不是萌丫，加我的人咋就这么多，难道今天我人品大爆发？点开一个申请，只见验证消息一栏中赫然写着三个大字：找二笨。

哦，原来这个是专门找我的呀，估计是哪个同学吧？我安抚了下正迎风起舞的头发，点开下一条。

"找二笨！"

再下一条。"找二笨！"

再再下一条"找二笨！！！"

"找二笨笨笨笨笨……"这……都是找我的？

又有东西凌乱了，但这回不是头发，而是我本来就不怎么灵敏的反射神经。嗯，我一定是在做梦。我站起身来，一个九十度的华丽转身，嘭的一声撞上我家的玻璃门。

"啊！"事实证明，我家的玻璃绝对是手续齐全物美价廉的高质量商品，直接证据就是它经过我这么癫狂地一撞后，不但纹丝不动，而且瞬间就在我脑袋上建起一个大包，借此彰显它本来就很强大的存在感。

俺的神呐，真的不是我在做梦！我用手粗暴地揉了揉头上的包，顺便量了下体温，确定我也没有发烧。这个世界太疯狂了，我二笨都给猫当伴娘了！坐回电脑前，我努力平复了一下自己那颗激动的心，假装淑女地一条一条处理着各种申请。QQ贴吧、微博一条龙回复下来，时间已经过去了两个多小时。我起身收拾了下课本，准备下午的课程。

但是上网的后遗症很快就发作了，一上午看见了太多对话框，其导致的直接后果是我下午看见什么东西都觉得别扭。无奈之下，我从我家的旧物柜翻出来一副我哥的平光黑框眼镜戴上，好让我看见的所有东西看起来都框在一个对话框里。同时我在兜里放了一个鼠标形涂改带，以防我看见什么东西感觉不爽，可以现场把它关掉。

依我看，我的自我安慰法还是有效的，至少在我戴上这些不伦不类的装扮后，自觉我的言行举止已基本恢复到了一个正常人应有的状态。但是我这样认为，并不能代表别人也这样认为。我同桌就是这样一个没见过市面的小朋友，这倒霉孩子从上课就一直盯着我看到下课，幸好我面部脂肪非常厚，不然非得被她的目光戳出一个洞来。下课时我严厉责问她要干吗。这家伙竟然面露惊恐，"我看你三秒钟一小笑，五秒钟一大笑，真怕你出事……"我正感动得热泪盈眶，她又不知死活地接了下一句，"万一你是癫痫发作，伤到我怎么办？"唉，你这没良心的！我把手伸进兜里，狠狠地点了几十下鼠标，可悲的是我同桌那张欠扁的脸还是那么自在地在我面前晃悠来晃悠去，根本没被关掉！罢了罢了，看在我今天心情好，不与她计较。

但是，出来混真的是要还的。晚上我刚一进家门，就看见老妈两手叉着腰，双眼瞪得溜圆，以一种比忐忑还忐忑的奇怪分贝向我咆哮："说，你今天是不是玩电脑了？"一切真相大白，其实我老妈早上嘱咐我的那句话就是命令不许我玩电脑，而我今天的行为无疑是直接撞上了枪口，至于我妈她老人家怎么收拾我，为了各位以后的人身安全，在此我还是消音吧！

次日00∶27，我很神经质地从被窝里爬起来发了条微博：亲爱的各位哥哥姐姐弟弟妹妹们，磨叽了这么多，其实我就想说两句话：1.谢谢你们喜欢我；2.其实我也喜欢你们所喜欢的那个我。

格桑花走失的高三

幸　田

04.25

今天下午最后一节课在会议厅开年段大会。闷热、压抑、空气浑浊，吸进别人刚呼出的尚带余温的气息，好难受。

散会后挤出厅门，大口呼吸雨后冰凉清新的空气，像一条鱼那样努力用鳃呼吸，有种对生命的渴望与满足。忽然鼻尖酸酸的，感受到一份突如其来而且无可比拟的幸福。你能明白的对不对？纯粹的幸福感不仅仅是可以带来快乐的，还可能是痛苦挣扎后新生的感觉。

04.26

离高考四十天了。遇到莉莉，她说四十天足够创造奇迹，接着又告诉我我就是一个奇迹。她多么好，眼睛笑起来就像是黑色的上弦月。

收到颜凌的信。我们聊了一些事，相互劝慰。她也曾独自守着一段年少的情怀直至分离都缄口不言，时过境迁之后感念独自坚守的勇敢。正是因为这样，才真正抓住自己想要的、稍纵即逝的机遇。这是青春必然会付出的代价对不对？看她的信，总是容易微笑或是流下滚烫的眼泪，烧灼了手背。颜凌说，女孩子就应该勇敢一点！

今天班主任没有讲课，只问了两个问题："做好准备了吗？有把握随时参加高考了吗？"没有人举手，班上沉默了。

"是要你们准备高考，而不是麻木地等待高考。"他最后说道。

05.09

白天效率低，很不安而又很懒散。十一点了，要去补觉，可是不安和罪恶感又气势汹汹地卷土重来，在床上翻来覆去睡不着。于是起身打开台灯，做了一些数学和英语的卷子。现在一点半了，小区突然停水，家里的水不能支援我再战一小时了。呷一口纯奶加蜂蜜，很好入梦。

刚才气势磅礴的夏雨舒缓下来，仅有滴滴答答敲击阳棚的声响。邻居也未入眠，电视剧的声音调得很小，却因世界的静谧而被未眠的我所闻。不会烦，反而有种人间烟火的温暖。

没有在烦躁难寝中入睡，也没有在悔恨迷茫中惊醒，不由微笑，在自己的手背上轻轻吻了一下。

纺织娘的鸣唱越发清脆，北半球都已入梦了吧？晚安。

05.15

今天考完市质检，考得怎么样也不太好说。结果会是怎样的呢？说不在乎肯定是假的，不过不害怕惶惑了，无论如何我都能平静地接受。成长大概就是这样吧？能够平静。

看来我真的很喜欢这样时而暴雨时而烈日的夏季，有着生命波澜壮阔的兴奋与惊喜。浙东飞雨过江来。酣畅淋漓，空气纯净。我喜欢这样，不黏腻。

05.18

市质检我年级二十四名，小飞机的成绩被登错了，111分被记成了11分，否则他年级第二来着。所以你也看到了，我就这样名不正言不顺地成了班级第二。檀大神重返巅峰，年级第一。不过他们俩真的好淡定啊，基本上都没表情的，上课基本不出声，关键时刻才出手救万民于水火。相比之下，我就太那啥了，表现得过于亢奋了，怪二的。要像1号、2号树哥、堡哥他们学习啊！

05.21

"勿牵念，愿静好。"手指在发送键上好久了，几乎都要按下去了。

叹了口气。删掉了这没有主语、未成行的句子。

有些凄凉，但微笑是真的。两个月来我都再没有发出一条短信，这是我对自己未来许下的承诺。

《赛德克·巴莱》里有这样的一句话："那用什么来告慰这些年轻的生命？"

"骄傲。"

06.03

全民狂欢！高二的学妹振臂高呼："高三加油！"妹子的热情勾得学长们情难自禁。

当天下午八班的奇葩们就挂出了巨幅对联，从四楼放到一楼："学妹再见了，学长会想你的；学弟辛苦了，照顾好学妹吧。"

高一、高二的妹子们热情洋溢地喊："学长、学姐我爱你！"哥们儿也不客气，油腻大哥哥的嘴脸回敬："学妹我们也爱你！"学弟们大概是被学长冷落太久，也扯着嗓子大吼："爱学姐！！"

抛撒考卷的大军非常给力，像电脑刷雪花屏一样地把整个高三教学楼覆盖了，甚至还有筒子潜入年段室抛卷子嘞！致敬……我们班声嘶力竭地喊好几遍"班主任我爱你！"向来淡定的班主任居然从年段室飚了一个飞吻出来！当全年段一起呐喊"阿段辛苦了！阿段我爱你"，分明看到严肃的年段长露出慰藉的笑容。

在这个繁盛热辣的夏季，我们终于要毕业了。或许我们就会头也不回地骄傲离开，自然而然地忘记一些曾认为不可磨灭的誓言。不说再见吧，就那么遗忘吧。微笑着转身离开，不要让别人看见你，和你决堤的泪。

明天，请你善待我

明天，请你善待我

顾凉寂

我只是舍不得徐满呈

高二那年，我的成绩一落千丈，从一开始班里的十二名直线滑到现在的四十七名，倒数第二名。家长会过后，老师只把我妈妈留下来开小会，我便先回家了。

妈妈回来后，用力地把门关上，脸色铁青。

"你以后别去读书了！丢人现眼！"她说。

我没有反驳，因为我知道她为什么不让我读书。无非就是班主任跟她说我的成绩那么差，与其去上一个混也混不出什么名堂的学校，不如趁早另谋出路。

这些话班主任跟我说了不止三次，我并不恨他，他只是为了班集体的荣誉与名声，所以留不得我这个早恋、不思进取的学生。不得不承认，他是一个很好的老师。

爸爸回家后，妈妈跟他说了这件事。他没收了我的手机，尽管我誓死反抗。他检查我的手机时发现我联系人里只有一个徐满呈的名字，他拨了过去，对方以一声"喂"轻易地暴露出他是一个男生。他还发现了收信箱里满满的都是徐满呈发来的充满爱意的短信。

爸爸从房间里冲了出来，抓住我的头发就骂："你这个气人的东西，好好的书不读，学人早恋！现在被老师劝退，你让我脸往哪搁啊？你就不能让我们省点心啊？"

地上一片狼藉，我看了一眼妈妈，她的眼神黯淡。爸爸在厨房咬着黄瓜喝着啤酒，我便回了自己的房间，但我没有哭，似乎没有眼泪。

从那一天开始，我就再也没去学校上学了。爸爸叫我去一个亲戚家的工厂里当学徒。

我有点舍不得，舍不得徐满呈。

我们是恋人了

我和徐满呈是初三时就在一起了，在那个单纯地以为只要有一根棒棒糖就能牵手到天长地久的学生时代。

那天下课，我在班里跟一群女生叽叽喳喳。他从隔壁班走来，走到我面前说："夏朵，我找你有事，你出来一下吧。"

身边响起一片调侃声。我看着他红彤彤的耳朵，愣了一下，就跟他走出了教室。

那天的阳光明媚得过分，树叶被清风吹得沙沙响，整个世界显得和煦柔软。

我紧张，不知所措地跟在他身后，他手插在裤兜里，我们穿过教学楼，停在一块小空地，站在一片浓荫下。

他转过身，手里多了一根棒棒糖，"呐，这是我最喜欢的口味，你尝尝吧。"我接过他递来的棒棒糖，满心欢喜，因为我也喜欢蓝莓味的棒棒糖。最让人欢喜的，莫过于你喜欢的人跟你有同样的爱好。

彼此又沉默不语。我正要问他找我有什么事，他忽然看着我掷地有声地说："那个，你做我女朋友吧。"

"你说什么？！"

我不可置信地看着他，他顿时慌了神："我——我在告白，你没发现吗？"他似乎急了，说话近乎是用喊的了："做我女朋友吧！"

笼罩脸颊的阳光由温暖变成滚烫，他把我吓呆了。过了半晌，看他因害羞而变得通红的脸颊，忍不住戏谑他："好吧，师太，老衲就从了你吧。"

他笑着耸耸肩："那，我送你回教室吧。"

于是我们又一前一后原路返回。

含在嘴里的棒棒糖开始融化，甜蜜覆盖着整个口腔，蔓延到心里。

我们是恋人了呢。我想。

我们以为，可笑至极

时光就这样从身边溜过去了，想要伸手抓住时却扑了空。

因为每天沉浸在甜蜜中，我的成绩自然越来越差，即便是老班多次找我谈话，我还是没有丝毫收敛。

成绩退步又怎样？在我眼里，他就是我的天。

我们在一起已经是公开的秘密了。每次经过他的班门口时，他的同学都会用戏谑的眼光看着我，一边朝他大喊："嫂子来咯！"每次他都会无奈地耸耸肩，给我一个抱歉的微笑。

我们也没有那么幸运，一路上分分合合、磕磕碰碰地走到了高二。

有时候我们也会吵架，可每次他都会在放学时堵在我的教室门口，不让我进去，丝毫不管旁人的窃窃私语，一口气把我拉到教学楼后面的空地，讨好地摇着我的右肘，然后从口袋里拿出一些我爱吃的零食，叫我不要生气了。

每次看着他那可怜兮兮的表情，我就没有火气了，接过他的零食，恶狠狠地警告他下不为例。他也会调皮地敬一个不标准的军礼，大喊："Yes, Madam！"

我一直以为我们会这样安好地牵着手走到天长地久

的，可是，这一切都是我以为。

终于，彼此两不相欠

去亲戚的工厂时，我去找了徐满呈："徐满呈，我们在一起后给我造成了很大的影响，现在我爸妈要我休学，你有什么想说的吗？"

没想到一向体贴温柔的他居然气急败坏地说："靠！你不是吧？大家在一起只是玩玩而已，别搞得好像谁欠了谁一样。我又没强求你跟我在一起，你上不上学跟我有什么关系？既然这样，我们分手吧，以后不要再见面了。"

我没有说话，只是扇了徐满呈两个耳光就决绝地走开了。

我就知道，他怎么可能跟我在一起到永远，从我在咖啡店看到他牵着另一个女孩儿的手，亲昵地依偎在一起，同喝一杯饮料时我就知道了。

所以，我没有号啕大哭，没有破口大骂，只是给了徐满呈两巴掌。

这样一来，我们就谁也不亏欠谁了。我们就会心安理得了吧。

明天，你好

真的，看看自己的过去，时间就像是飞鸟，轻轻掠过我们的肩头，几乎不曾留下许多痕迹。

有时候我真想问问徐满呈，为什么当初对于我，仅仅是玩玩？

不过这一切都不再那么重要了。

在跟爸妈千万保证之下，征得他们的同意，我在离开学校一年零八个月后，又重新复学了。

我们坐在时光列车上朝远方飞驰而去，那些旧时光里的旧容颜，怕是一辈子都难以再碰触了。

但是，那些都已是过去了，我想我是时候该重新开始了。

明天，你好，请你善待我。

骑　士

浅步调

　　我没有见过那个少年，可是会常常不由自主地想起那个少年。

　　五月的时候，有三天的假期，对于我，上课下课，练习作业，于平时没有差别。今年的五月，却有点儿特殊，老哥去了青海湖，带着我一样想出去的心。老哥走的时候发短信给我：老妹，我去环青海湖了。我按了短信的转存键，保存了信息。然后回短信：走不出去，借你的眼睛看世界也不错。

　　这个世界，有很多不同的人，有更多不同的生活。我犹豫不决、左右徘徊的事情，他们可以说走就走。在我想象着青海油菜花开、满地金黄有多漂亮时，他们已经在五千米的海拔上，张开双臂、围着篝火大声地唱起了歌。五月的青海，天气还冷，我在距离青海几千里的地方，透过老哥发的那些照片，似乎都可以读到冰雪初解冻的寒气逼人。老哥发的照片上有一个少年，看起来跟自己相仿的年纪，我问老哥，果然是个大学生。长相普通，却难挡一副意气风发的姿态，我羡慕嫉妒恨的心情忽然升起到了最高点。

少年叫小司，我在八月艳阳高照的天气里看到了这个少年制作的视频，名字叫"小司的2012单车日志"，老哥招呼我到电脑上去看。上面有小司的四月骑行，在兰州，大地还没有苏醒，那时候，我因为怕冷还窝在被窝里经常上课迟到，他却在某座我叫不出名字的山上拍到了满树盛开的花朵。五月，他在青海，跟老哥遇到，一起约伴骑单车环青海湖，在镜头前摆着yeah的快乐姿态，天空蓝得透彻，日落美得令人赞叹，青海湖一直安静地在旁边做着少年的陪衬。七月，暑假来了，他在路上，在那个最出名的川藏线，从西安一直骑到了西藏。走过沉默了几千年的古老城墙，路过每一个高海拔的地标，有闻风摇动的转经筒，有恣意飘扬的幡旗，还有孩子高原红的脸庞，和不染纤尘的笑脸。有时候路有很大的坡度，有时候全是泥泞，有时候会遇见一样的单车骑士，或者自驾的旅行客、背包的徒步行者，合照的时候，西藏的云彩和着最合适的节拍。布达拉宫、八角街、乌拉山，叫不出名字的，叫得出名字的，照片一幅一幅地过。少年骑着单车，留给了日落一个奋不顾身的背影。那是多么伟大的地方，竟有这样的磁力，吸引着这么多人的不辞辛劳。我好想问一下少年：

你的骑士精神是什么?

　　那天,看到有段话说:你写PPT时,阿拉斯加的鳕鱼正跃出水面;你看报表时,梅里雪山的金丝猴刚好爬上树尖;你挤进地铁时,西藏的山鹰一直盘旋云端;你在会议中吵架时,尼泊尔的背包客一起端起酒杯坐在火堆旁。有一些穿高跟鞋走不到的路,有一些喷着香水闻不到的空气,有一些在写字楼里永远遇不见的人。我在图书馆的座位上眼泪忽然滂沱而下。再不疯狂,我们就老了;再不疯狂,我们的青春就荒芜了。如果,到最后我的青春还是一张白纸,也请给我掌声。因为每一刻,我都在努力地向上。因为生活,本来就有各种姿态,只有给自己最美的姿态,就是最好的奖赏。

　　嘿,小司,勇敢的骑士,祝你好运。

我喜欢你是寂静的

慢　活

东　望

　　木心先生曾在一首诗中写道，"从前的日色变得慢 /
车、马、邮件都慢 / 一生只够爱一个人。"

　　我就想象那个时代。邮递员着一身墨绿制服，斜挎
一只巨大的同样墨绿的邮件包，沉甸甸的全是世人的吴侬软
语。他骑上那辆年老破旧的自行车，"吱呀吱呀"地从这
个远方驶向另一个远方。那时车、马、邮件都慢，漫长的
岁月里有人翘首盼望着，然后她会小心翼翼地拆开信来像
呵护一件易碎的瓷器。这是一封怎样的信呢？它一路慢悠
悠地颠簸而来，走过了世俗，看过了风物，经历了人情冷
暖，满身风尘等她来认取。然而它此刻安然乖巧地匍匐在
她的掌心，吻着她掌心的纹路，它说，嘿，你终于来了。

　　这是那个时代特有的产物。一如米兰·昆德拉所说，
这种慢，我相信是一种幸福的标志。

现在却不能够了，很少再有人动用信纸这种从久远年代流传下来的遗物，所有的言语都被压榨为干瘪的电子流，只消动动手指，它们就穿过复杂纷繁的这道电缆那条电线，最后汇成从触感冰凉的电子产品里传来的——哦，是你。

满腔热血像被浇灭，多令人扫兴。

这是这个快时代的不幸与悲哀，许多人身处其中却乐此不疲。

冬日暖阳的午后，自习课上，日光游走在刮花的玻璃窗上，横穿整个教室落在对面雪白墙壁红底白字的标语上，我在悬挂"离高考还有132天"倒计时的压力下，忙里偷闲地关注每一个全神贯注的表情。有那么一瞬间，我甚至很自私地希望时光可以停住不老，而我身边的所有人都会长生，会不朽。

有一首老歌唱"我能想到最浪漫的事/就是和你一起慢慢变老"。情人就希望彼此相爱的时光可以慢下来。因为慢，才可以和你一起度过无数个悲欢参半的日夜，可以同你小吵小闹过很多年；因为慢，感情才会沉淀下来，历久弥坚；因为慢，我们才能拥有足够后半辈子回忆的东西。如若你此刻正和心上人吟赏烟霞，下一秒却双双变为头发花白、牙齿脱落、步履蹒跚的老头子和老婆子，这该是一种多么荒凉的心境。

2010年的暑假，我去了一次北京。母上大人原是想

我
喜
欢
你
是
寂
静
的

让我开阔眼界，不曾想却让我厌恶起这座快节奏的大都市。这里什么都快，人快、车快、心也变得快。我在电车里坐观堵塞的街道，车里有人沉不住气地踱步，车窗下背着书包的学生来往行色匆匆。在那个时候，我多想变身为Superwoman，英勇无畏地按下暂停键，然后对他们说，大叔，别急了；姑娘，你也别跺脚，都坐下来；小孩儿，你缓了步子慢些走。

后来，我不止一次地庆幸自己只是这里的一个小小路人甲，当我回归到我的南方小城时，看见日光之下人们慢悠悠的步子，慢悠悠的吆喝，我就感觉到幸福。

在我笔下有一个叫井照的姑娘，某个故事讲她追寻心上人的步伐。"他和时间都走得太快，而我活得太慢。"于是她只有不停地奔跑，不停地追赶，终于有一天她累了，乏了，摔了一个大跟头，离开前她说——

"我以前就想，等到我终于不爱你了，我就停下来，放慢脚步，不再错过沿途的风景。"

"我知道就是现在。"

喧嚣闯入，寂寞离场

宛若晴空

我们永远不知道自己下一秒会遇见什么

我在一个坏天气里遇见了苏沿青。

当时我正要去超市买酱油，来下面条，事实上，我只会下面条。我是男生啊，为此我觉得十分正常并且稍稍感到自豪。苏沿青那个时候挡了我的道，我走的是小巷子，窄窄的，老旧的墙上长满了爬山虎之类的植物，叶片上沾满了灰尘。好像苏沿青也被别人挡了道。挡她道的是一男一女，当时称为一男一女，现在称为狗男女。那个长头发红裙子的女的狠狠地瞪着苏沿青，苏沿青比她高，抱着胳膊睥睨她，一副高傲的模样。那个男的站在一边，看看这个，看看那个，很头疼的样子。

我只是过路客，所以我识相地想要从人缝里钻过去。这时候就发生了更戏剧的了。只见长发女出其不意一个巴掌抡到苏沿青脸上，苏沿青又出其不意一个巴掌抡到了那男的脸上。好响亮的两巴掌，空气震了震，我感觉到了。长发女的脸色很难看，那男的脸色更难看，这时候苏沿青反倒笑了，虽然笑得比哭还难看。她伸出手指指着长发女，冷冷地说：你再动一下我打的就是你，绝对双倍奉还。说完，她掉头就走，嫌我的自行车挡道，还踹了一脚。我气得鼻子都歪了。我招谁惹谁了我。

什么叫作冤家路窄。我刚走出杂货店天就变了，我一转脸看见了苏沿青在一家破旧的店里吃麻辣烫，吃得一把鼻涕一把泪的，脏死了。我的嘴角抽了抽，忍住了要骂人的冲动。算了，算我的车今天撞鬼了。

我扭头要走，又被人叫住了。苏沿青笑嘻嘻地朝我挥手：嘿，帅哥过来过来！

我指指自己的鼻子。

她又嚷嚷道：就是你，来来来。看什么看，傻愣愣的。

我就郁闷了。

我坐到她的桌子对面，砰的一声放下手里的东西，不过酱油瓶子还算结实，完好无损。外面一声惊雷炸开，哗啦啦地下起了暴雨。

我故作轻蔑地说：什么事？你要为踹我的车道歉吗？

她摆摆手，又点点头，扯了几张纸擦了擦脸，这才说：嗯，是要道歉啊，不过不是那事儿。

我说：还有别的事儿吗？我们不认识吧。

你能帮我付钱吗？付完钱我就告诉你。

弱爆了，我说：你能再厚颜无耻点吗？

她轻笑了下，把餐巾纸揉成团，扔进了远处的垃圾桶，用投篮的手势。她边笑边说：当然能啊，不过你有那心理承受能力吗？

我没说话，主要是我无话可说。

她慢悠悠地说了句：你的车被人骑走了，我指使的。

我狐疑地看着她的脸，看不出真假。我走到店外面一瞧，就镇定不了了。外面大雨倾盆，雨里没有我的自行车。

我气愤地瞪着这女的，吼起来：你把我的车弄哪去了！

相对于我的气急败坏，苏沿青显得十分镇定自若，这里人多，她是不是料准了我不能把她怎么样。她说，我欠别人钱啊，可是我现在穷得付不起麻辣烫啊，刚好你的车没上锁啊，我就把你的车给别人了啊……

啊啊啊。我要疯了疯了。那我怎么办！

帮我付钱啊。

此人脸皮厚得无以复加。

我在店里坐着，又站起来，望望外面的雨，又坐下了。我说你叫什么名字，念书吗，家在哪里？

她横了我一眼，说，我叫魏峥，就读于江海一中，家好像在个破巷子里。

我又瞪着她，眼睛从没有像今天这样没有形象过。她知道我的，她怎么知道我的，我怎么不知道她？我郁闷。

世界太大，我们太小

第一次遇见苏沿青的短期结果是我和苏沿青僵持了一个小时以后，她幽幽地从口袋里掏出钱结了账，走出破店目不斜视地走进了大雨里，那叫一个豪迈，看得我目瞪口呆。呆得忘记了车的事情。待想起来以后才狠狠地骂了一通。

长期结果是我自此以后没了自行车，我是穷人。

好的结果是跑得多了以后在运动会上成了匹黑马，破了纪录拿了奖金。

坏的结果是总想碰到某人然后大发一顿脾气，这太没风度了，不好不好。

接下来就是第二次遇见了，虽然说世界太大我们太小，可是不还有句话叫作冤家路窄么？

第二次遇见，嗯，她比较惨。她被人围攻了，脸肿得不成样子，灰扑扑的。不是我不英雄救美，是上天没给我机会。我路过的时候已经结束了，我好像永远都是过路客似的。不是我想落井下石，是话在嘴边脱口而出，我说：现世报。

她抬头看了我一眼，也没说话，只是靠着墙慢慢坐下了，像图片里那样，抱紧膝盖。非主流，伤感。

我一想觉得自己有点过分，又补了一句：你没事吧？

没事，死不了。她没抬头，闷声闷气地回答道，完全不像之前那样张狂。

我想没我什么事儿了，我还得回家写作业呢是不是，我还是走吧。我走了一会儿又觉得于心不忍，好歹她也是女生。于是我又折回来了。

她还在那里，一动不动，我正犹豫着说什么好呢，她说话了：魏峥，你给我滚开。

靠，狗咬吕洞宾，不识好人心。

我这回真走了，走得快快地，我离这东西远点。我心里这么想着，不小心回了次头。看见她一瘸一拐地背对着我走着。

死要面子活受罪。

我追上她，挨了一顿白眼，英勇无畏地说：要不我请你吃麻辣烫吧。

她深深看了我一眼，看得我直起鸡皮疙瘩，然后说：好啊。

后来我知道了，她其实本来就是要去吃麻辣烫的，她心情不好的时候有这个习惯。

后来我也知道了，允许一个人进入自己的世界需要的时间可以很短，短到也许只是看一眼的时间。

我又一次有幸看见苏沿青吃得一把鼻涕一把泪的难看相。

其实平静也是幸福啊

好吧，我吃惊了，我以为苏沿青肯定不念书了，所以在学校遇见穿校服的苏沿青的时候我吓了一大跳。

她横眉冷对：你这什么表情？吃多了还是怎么的。

我习惯了她这个态度，产生免疫力了。我问：你几年级？

一年级。小学的。

我以前怎么没见过你呢？

你眼睛不好，美女都看不到。

那我应该看见过你才对啊。

你这不是看见了吗。

算了，我不跟你扯，我去打听打听。

我很低调，你打听不到。

后来我留心了一下，于是在学校里看见她好多次。穿着寻常的校服，不怎么说话，低着头，倒是一副乖巧的样子了。她矮我一级，嗯，成绩不怎么好，中等偏下。她的教室离我的远点儿，不在一栋楼，也不在同一层，她走到走廊上，我往下看才能看见她的脑袋。跟别人的脑袋差不多。

她很喜欢学校的一个湖，人工的啦，金鱼游来游去，夏天时候有莲花开落。她伏在栏杆上出神，这时候，她丢了盔，弃了甲，短发，手托腮，无毒无害。她看湖，我就看她，反正她呆呆的也不知道。

有一次她扭过头来问我：你老看我干吗？

我嘿嘿一笑，说：美女好看。

切。她轻蔑。却是没有敌意的。

她又说：我想去看海，黄昏时候。

我想了想，鼓励她说：那你好好学习，考到海边去。

真遥远。她笑着说。

不啊，时间过得很快的。一眨眼的工夫你就在海边了。

她不再说话了，又神游了。我看着她看着她，觉得这样宁静的生活真是好，上上课，看看看湖的苏沿青，和她抬抬杠，再听她极难得地讲点真正的想法。

我轻轻说：天很高，风很轻，云很淡，你很美。又说：别感动，抄来的句子。

时间真的一眨眼就过去了

冬天的时候居然下了冰雹，这都多少年没下冰雹了。我是在说这年冬天很冷。苏沿青在破巷子里扯着嗓子喊：

魏峥！魏峥！魏峥……

没完没了。

我老妈从屋子里探出头张望：谁啊，这是谁家姑娘啊？

我忙把我妈拉进屋：没没没，一个疯丫头，你快做饭吧，我饿了。我出去看看去啊。

我远远地就看见苏沿青了，脖子上的围巾遮住了半张脸，帽子遮住了另半张脸，还好露了双眼睛在外面，不然我还真认不出来她。

我说真有这么冷吗？

她双手急忙插进兜里，做出瑟瑟发抖的样子，我瞪她：那你待在家里别出来呀。

走走吧。她忽然深深看我一眼。

那眼神我见过，在半年以前。我收起嘻哈笑脸，点点头。

小城日落向来寻常不过，今天看了却有点不一样，到底哪里不一样我又说不清楚。就像苏沿青，今天也有哪里不一样，我也说不清楚。

我们走了一条小道，不发达的小城的小道，枯草病恹恹的模样。苏沿青走在前面，像个带路的。她竟然一路都不说话。我忍了半天终于开口说：哎，你什么时候变淑女了。

她回头来瞪我一眼，我就乐了：这才是苏沿青嘛。

她带着我一直往前走，太阳要沉到夜里去了。最后我们停在一辆车前面。我端详着那辆自行车，觉得眼熟，很像我的车，但明显比我的车新。我说干吗啊，良心发现了吗？

她的眼睛弯弯的：是啊。

这么好脾气，你是不是受什么打击了？我狐疑地盯着她的脸，应该说是她的眼睛。

你别动。我说。我伸手把她的围巾往下拉了拉，露出下半张脸来。没有伤痕，只是有点苍白。

她拨开我的手：你才受打击了。

我犹不怕死地说：你恩怨情仇那么多，受打击的可能性明显比我大，像第一次见面三角恋大打出手啊，第二次见面的死对头带人群起而攻啊……第三次见面……

我掰着手指头数，忽见苏沿青幽幽地瞟了我一眼，瞟得我汗毛直竖，忙改口：咳咳，这不是关心你嘛。你不对劲儿啊。

我良心发现了你还疑神疑鬼的，你就是受虐的命是不是？她又蔑视地瞪我一眼。

天黑了，我要回家吃饭了，我饿死了。我笑嘻嘻地说，要不我载你回去吧？

当然。她毫不客气地坐到后车座。

苏沿青不重，不过我反着跟她说。她捶了我的后背，下手很重，我差点骑错方向掉沟里。

我喜欢你是寂静的

不知道开始，也不知道结束

我以前丢了车，现在得到了车。我这个穷人还在高兴中，却不知道这就是离别了。

很多天不见苏沿青，真奇怪，我到她们班问，才知道，她居然跟班主任打了一架。她的班主任是个戴细框眼镜的斤斤计较的老女人。

我真不知道该说什么好。

我看初春的湖，死气沉沉的湖。苏沿青说她想要看黄昏时候的海。我发觉我好像从来不了解苏沿青，最初遇见的，和看湖的，到底哪一个才是真正的她，我不知道她的家庭情况、住址、成员，我不清楚，什么都不知道。

前所未有的挫败感。我以为我们是朋友的，可是最后我却什么也不知道。

她欠我一辆车，最后她赔给我了。这就是故事的全部。

原来，让一个人离开自己的世界，也只需要看一眼的时间。

我喜欢你是寂静的

亦青舒

　　在这个南方小镇，秋和冬从未有怎样泾渭分明的鸿沟。几场寒意袭人的秋雨淅沥如泣地下过之后，冬天便不动声色地款款走来，眉目安详，不显山水。从初冬到深冬，微笑着用一百二十来个阴霾的白昼把小镇严丝密缝地包裹起来。而今已是深秋，尽管仍有爱美的女孩子身着单薄的袖衫开得很下的领口把清瘦秀美的锁骨楚楚动人地衬出来，但毕竟大部分的女生还是颇为明智地添上了厚重的毛衣，身姿臃肿地打着伞走过宽阔的操场，穿过漫长绵密的秋雨，一脸抱怨神色地踏入教室，收起潮湿的雨伞悻悻地骂一句：鬼天气。

　　林安眠坐在亘古不变的靠窗位置，把这样的季节和天气里的百种姿态尽收眼底，脸上平和得如同一面安静了许久的湖泊，没有涟漪。她穿得不多也不少，恰如其分也不嫌累赘。藏青色的外套，里面是高领的白色毛衣，墨菊般的长发高高地扎起，面容清澈。独独少了一种女孩儿的柔美，仿佛周身散发着植物般的辛辣清香，眼神乖巧而又警醒，天真如一只站在树梢上的知更鸟。

我就这样安静地看着她，她亦这样安静地看着窗外，彼此都没有话要说。恍惚间，我竟有一种错觉：她投落在玻璃窗上的影子竟无端地幻化作我的样子。刹那间，我几乎就要以为遇见了世界上的另一个自己。

突然，她回过头来看看我，安静地微笑起来，舒缓曼妙如同一朵花开的姿态。

我忽然慌乱，面红耳赤地回过头，想要掩饰我的不安，却看见——梁子沐的目光像一束笔直且不含糊的光，朝我们的方向望过来。我茫然地看了看梁子沐，又看了看林安眠，好像明白了什么，又好像糊涂了什么。

——这一刻我想起了卞之琳的《断章》，却不明白谁是谁的风景。

当林安眠再一次挂着华丽丽的黑眼圈埋头站在教室门口喊"报告"的时刻，我清楚地看见了那个已经进入更年期好几年的班主任露出了典型的老女人式的嫌恶表情。她"啪"的一声把英语书甩在讲台上，扬起铺天盖地色彩斑斓的粉笔灰尘。前排的女孩子噤若寒蝉，屏住呼吸并不敢去扇。老女人三步并作两步地跨到林安眠面前，指尖点戳着她的额头，不遗余力。

"第几次迟到了？女孩子家连一点羞耻心也没有吗？"尖酸刻薄的作风依旧没有改变。

训斥完后，安眠被罚做一个礼拜的值日。下课铃很适宜地响起，班主任带着心满意足的笑容"嗒嗒嗒"地踏着高跟鞋扬长而去。班里的气氛稍稍松弛了些，前排的女生捂住口鼻用教科书扇着久旋未落的细小埃尘。林安眠背着浅紫色的布艺包迈着细碎的步子走下来，脸上并没有哭过的痕迹，只是原本光洁的额头明显地红肿起来。

我站起身让她进座位，从抽屉里拿出茶语系列的湿纸巾递与她，沉默了半晌，终是忍不住说了话。

"你还是改了吧。"

她抬起手腕，细致地揉擦着她的额头，不置可否地瞟了我一眼，并没有回答。良久，她把纸巾掷进废纸篓中，伸手握住了我的手，压低了嗓音对我说："我失眠了。"她摇了摇头，眼里有柔软的无辜和无奈，尽管眼袋这样重，她的双眼依旧这样好看。她又重复了一遍，"我失眠了，没有办法。"

于是，我便不知道再说什么好。我仰起头看见楼外林荫道上的那一排高大的梧桐树已经开始萧萧地落叶。南方小镇的天空永远是狭窄的一方灰霾。很久没有出太阳了。我想。零星的几只黑色的燕子仓皇地飞过天空，尾如剪。我轻轻地开了口说，我陪你做值日吧安眠。

　　林安眠笑起来，神色天真而警醒，像一只红胸脯的站在夜色里的知更鸟。她颔了颔首，说，好。

　　下午五时三十分，老楼部的那个据说和这所中学同岁的老电铃尖厉又温柔地响起来，像年纪大的爱发脾气的老祖母。铃声不由分说地撕扯开这偌大的一个校园的宁静。震得老铃旁的那株香樟树扑簌簌地往下掉叶子。三三两两的穿着学生制服的少年陆续地从对面那栋大楼里走出来。

　　等到教室差不多空荡了，我起身把教室里的椅子架上桌面，一排排地开始清扫。安眠趴在窗边的位子上沉沉地睡去，睡颜安恬。我不忍心叫醒她，只是一个人打扫。远远学校里的广播站放起一些安静的曲子，遥远又温柔的歌声把整个校园浸泡成一个半环半抱的岛屿。这时安眠却醒来，她拿起扫帚，同我一起打扫。

　　"今天是他播音对么？"她忽然问我。

　　"他？"我诧然地抬起头，想起今天是星期五，方才把"他"与梁子沐对上号。"是。"我说，"怎么啦？"

　　"没什么。"安眠吐了吐舌头，俏皮且可爱，与那日凝神看窗外的女孩儿，几乎判若两人。"顾影，你觉得他……怎么样？"

　　怎么样？是有温和嗓音和温驯脾性的人，说俗点团结同学爱戴师长的帽子也可以扣上。尽管和梁子沐初中同学三年再加上如今已有四年光景，但这并不代表他是我可以轻易做出评价的人。

思忖太久，安眠已经把她的问题作废，神情愉快地把最后一把椅子整理好，她冲我喊，"走吧，我们回家了。"

如果我没有看错，那把椅子是梁子沐的，而在安眠俯身的那一刻，我亦看见她迅速地把什么压在了梁子沐的地理书里。在离开教室的那一刻，我回头朝第七组的最后一位望了一眼。

——浅绿色的地理书拥抱着一封薄薄的信，露出粉红色的一角。

经过广播站的时候，听见梁子沐在念一首英文诗。

Pablo Neruda 的 *I Like For You To Be Slient*.

I like for you to be still:

It is though you were absent and you hear me from far away and my vioce does not touch you.

"你在远方聆听我，我的声音却无法触及你。"

我喜欢你是寂静的。

夜色深重里，我第五次按亮闹钟，看见一指针明确地指在两点钟的时刻，于是便清楚今夜无眠是怎样一个不争的事实。我别无他法地躺下，想起关于梁子沐的一些事情。

初一学年。前后桌。无非一些提交作业本的交集，偶尔也帮忙捡个一两支笔，俯身抬头间的"谢谢"轻得连一个涟漪也溅不起的。他是内敛而安静的少年，不喜与班里那群一提篮球便热血沸腾的男生为伍，同在体育课后一身酸汗地进来；只是独自坐在窗边看书，带着某种郁郁不得志的伤怀。

初二学年。他调至我的左下角。失却那些作业本圆珠笔的交集，他开始和我聊一些简约而温暖的话，安房直子的童话、安东尼的日记，或是帮我一些很小的忙，比如拧开一瓶怡宝。他的手修长且骨节分明，总让我莫名其妙地想起那本小说里的一句话：这是一双适合摘星星的手。

初三学年。他的个子蹿高坐在最后一排，忙于升学和中考，加之皆是内敛无言的人，我们再没有交谈过。偶尔目光相遇只是略略点一点头，他挪移了目光，我红了脸。时光如井，也一并徐徐湮没了那些心绪。搁浅的混浊，我亦来不及等到澄澈，因而未曾知晓，那究竟是怎样的颜色。

我披了外套趿了毛拖走上阳台看月光。深冬长夜里月光倾泻流淌，如积水般清澈空灵，一片银白祥和且静谧。我忽然明白林安眠的夜不能寐。

这样的心绪要如何搁置在心里，在蝉鸣中默默在月光里，泡浸。在虔诚里祈祷它开出曼妙的花来，然后修剪成一副相宜的笑容挂上自己的脸，该会有怎样的美和明媚。那将是一朵只会为他绽放也只能为他绽放的花，也是一副让人辗转反侧难以入眠只能望着寂寂月光方能徐徐绽放的笑容。

是夜月光极好，寂静而明亮。一如过往里那些无言的心绪，我看着它们安恬地开出一朵朵素白的花来，尔后又微笑地谢去。

花开短暂。一如这倏忽而过的、我们的纯白年代，只留下一地深冬长夜里的明亮月光。

深冬。这所城镇开始下雪。湿冷的空气令人觉得侵到骨子的寒冷。物理老师在讲冷热只是一种相对的感觉，鼓励有志学理的同学报考哈工大。我无动于衷地望着窗外，久久地看着那株被皑皑白雪覆盖的忍冬，苍翠而隐忍。

张贴栏里贴好了关于元旦晚会的相关通知，路过那边的时候总会看见有面容姣好的年轻女生在栏下眉飞色舞地讨论，眼里流转着别样的光彩。因为下雪的缘故，老电铃的脾气也温柔了许多，铃声漫长得像长长的高中时代在时光里完整的倒影。微笑着把围巾紧一紧，我推着单车在落尽叶子的林荫道上走，踩在厚厚的梧桐叶上，有令人心安的厚重感。

林安眠仍旧是夜夜失眠，三个月来，她已经没有好好睡过一个完整的觉。我容许她在一些不太重要的课或自习里睡去，小心地提防着老师的目光，记下详备的笔记让她在夜里抄一份。她不肯去看医生。看着她熟睡的寂寂脸孔，我非常心疼。

我知道梁子沐婉拒了她。但倔强如林安眠亦是难以劝转，我只是在等待合适的时机。

我想要告诉她：有些少年，只是这样纯白年华里深夜的一场月光；而有些喜欢，寂静是最合适的告白。

那一日，我坐在观众席里，微笑地看着林安眠一身纯白裙装，简约又华美。她有着墨菊一样的长发，清澈如月光的面容，还有女孩儿特有的柔软和秀美。灯光打下来，她伫立在光中，羞涩而坚定地朗诵着那首诗。

Pablo Nerude的 *I Like For You To Be Slient*。

背景音乐是一首舒缓的英文歌。她白色的裙裾随旋律一起轻轻地摇晃，光影交错，非常漂亮。

As all things are filled with my soul.

You emerge from the things ,filled with my soul.

You are like my soul, a butterfly of my dream.

And you are like the word Melancholy.

安眠的声音悠扬而空灵，深情款款里我安静地聆听。仿佛听见这无数个辗转反侧的夜晚里她所有悄无声息的思念，站在暗处里仰望那个少年的目光盛满虔诚，小心翼翼踮起脚尖去亲吻一场冬日里的月光。

I like for you to be still and you seem far away :

It sounds as though you were lamenting,

a butterfly coming like a dove.

one word then one smile,is enough.

And I'm happy, happy that it's not ture.

俯身谢幕的那一刻，我清楚地看见，一滴眼泪挂在安眠的睫毛上，柔软得像一支挂着露水的玫瑰花枝。我相信她一定懂得上台前我俯在她耳边说的话，也一定明白如何去珍视这一段时光。

我起身为她鼓掌，她下台与我拥抱。她趴在我耳畔，说：今夜月光，照旧是这样好。

当整个学年快要接近尾声的时候，林安眠比以往任何时候都要用功。她早已不再失眠，也再未迟到，在这接近年关的腊月天气里日日来得比我更早。每每我远远透过蒙着雾气的窗户看见她伏于案前的专注神情时，总忍不住想起那只红胸脯的知更鸟站在树梢的寂静姿态。似乎在挽留这个白雪皑皑的冬日，又似乎在期盼下一个晨曦日暖的春天。

我和她依旧说着少而又少的话，因为懂得，所以不必言语。有时候语言太苍白，一树繁花一江春水的美与斑斓，总是它无力描绘的。

所以我亦不曾说与她听，那一份静静躺在我的抽屉里许久的手抄的龙飞凤舞的英文诗词，背后究竟有着怎样的缘由。

我喜欢你是寂静的

在期末考的前一个夜晚，第三节晚自习被临时改成布置考场，四周人声鼎沸，嘈杂不绝于耳。于是我和林安眠去了操场上。二十八盏莲状的路灯投下明亮的光，把她的面孔照得非常漂亮。我们牵着手不知不觉走了很多圈，彼此并没有话说，却都挂着笑意。

最后，我们终于停下来，安眠从上衣掏出一枚信笺，递与我。我当着她的面，很自然地展开："……也许成长本身就是一支无人能唱的歌，其间心绪感慨，难以言明。只是在这一路上，我们曾有过的这两段孤独曾这样相濡以沫过。若干年后，某一段孤独也许会在某个春日的早晨里睁眼醒来，听见清晨里婉转的鸟鸣，落花沾湿了细雨静静卧在庭院里，东北角里有着一场寂静明亮的日出，于是轻轻叹一口气——谢谢当初，你也在这里。"

我抬起头，看见林安眠的身影已经消失在夜色中。二十八盏莲状的灯投下错落有致的光影，像一场华美又盛大的告别。那一刻我在想，若干年后倘若再回首，望见这一段抵足相安的寂静曾以这般美好的姿态在生命的温暖里遥遥相望过，该会落下怎样心生动容的泪来。

期末考结束后，班长提议聚一聚，毕竟过完年再返校便面临文理分科，颇有些人各有志、各奔东西的悲壮意味。老女人刻板的脸上少有地浮出柔软的表情，点了头作了应允。

在算不上奢华的小馆里几乎每个人都沾了点儿酒，林安眠是喝得最多的那一个。她择了理，而我和梁子沐选的是文。我小心地照顾她，用纸巾拭去她眼角的泪，看着她趴在我的膝上熟睡，面容和她的名字一样的安恬。我想从此以后再不会有一个不爱说话的寂静女孩儿坐在我身边，她有着墨菊一样的长发和清澈的面容，望着窗外的深秋脸上会有令人动容的孤独，为了一个少年可以整晚地失眠。再也不会有。我伸手把落在她脸颊的发丝轻轻拢到耳后，觉得非常可惜。我端详着她的脸，然后轻轻地微笑。林安眠，你是否也知道，我喜欢的你，亦是这般寂静的？

一场寂静无声的喜欢，一场寂静无言的友谊。合适我们方能于这样的无声中，心怀感恩地前行。

我喜欢你是寂静的，仿佛你已远去。

你听起来像在悲叹，一只如鸽悲鸣的蝴蝶。

彼时，一个字，一个微笑，就已经足够。

我仰头，看见一群寂静的白鸽从年少的碧青天色里倏忽而过。而青春，却蓦地嘹亮如斯。

和后排男生称兄道弟的日子

蓝筱柠

调座位时，全班同学按个子高矮在走廊排着长队，而老师的一句"想坐后排的可以先进去教室坐后面的位置"，当时脑子抽筋的我就特帅特潇洒地在全班同学的注视下走进了教室，从此踏上了一条与后排男生称兄道弟的不归路。

在男女比例2：1的理科班里，我成了后四排的唯一一个女生，颇有点"万绿丛中一点红"的意味。本应该安安静静扎在男生堆里学习，却由于我那汉子般的性格，在后排闯出了一番天地。

刚开始，后排男生都特斯文地学习自个儿的，这个现状在一场篮球赛后就开始一百八十度的大转变，然后的然后，他们就自然而然地把我当男的看了。

政治课上，老师随机抽查喊了"42号"，看我站起身来。她自言自语："本想叫个男生来回答的。"坑爹的舒安远应声，"她就是男的啊。"然后那些个男生又开始起哄，"瑶哥就是男的无误了。"老师笑着说，"怎么能把女生叫成哥呢？"奇葩后桌林子唐就怪腔怪调地说了一句，"瑶姐姐——"此话一出，班里的笑声久久不能平息……

后排男生很不客气。他们总会说，瑶哥，拿张草稿纸给我。瑶哥，帮我借本练习册。瑶哥，昨天抄的英语作业借我。瑶哥，把你水给我喝口……他们从不说谢谢，却让我觉得他们很亲切。体育课上，后排男生都喜欢打篮球，跑两圈就都开始擦汗。于是，他们毫不客气地一脱外套就朝场外的我跑来，"瑶哥，帮我拿一下。"外套一丢，人就又跑回篮球场叱咤风云去了。不出一会儿，怀里就多了六七件校服外套，我愤愤不平道，道谢都没有，还把我当保姆了。旁边的女生却都个个露出羡慕的神色，班里的男生都跟你很要好啊，真羡慕。这时我就笑了，呵呵，是吗？

后排男生很温柔。一道题不懂，转过去问一个人，嘴里说着这么简单的题都不会，却早已开始画图演算。有时遇上他们自己没空时，就会把我的本子丢给另外一个人，我没空，那谁，给瑶哥讲下题。另一个人就会理所当然地接下本子，开始给我讲题。遇上有点难度的题，男生们又会放慢速度，停下来问问，这里听得懂吗？每到这时，我就会觉得，谁说理科男都木讷粗鲁的，我就觉得他们很温柔可爱啊有没有？！

后排男生很爱起哄。那天中午，堂姐准备了一盒寿司说给我当午餐。带到学校打开盖子，很大方地请男生们吃，后来外班的同学来到班里找我，我出去再回到教室后，就只剩一个空空的便当盒了。我就问，你们把一盒寿司都吃完了？周树杭拿着最后一个寿司放进嘴里，口齿不清地说道，不是很好吃，是我们赏脸才吃的。我怒了，不好吃你们还把它吃光了？那是我的午餐好吗？也不留一个给我。

他们大概第一次看我生气，都面面相觑不说话。过了一会儿，林子唐就说，周树杭，你连最后一个寿司都不放过，禽兽！舒安远也接话茬，林子唐，就你吃得最多，畜生，你要对瑶哥负责！这话一出，男生们就笑了，在气头上的我也被逗笑了，林子唐却跑了出去。

过了一会儿，林子唐屁颠屁颠地提着一个袋子走回教室，把那袋子放在我桌上，说，喏，别说是因为我吃了你的寿司，让你饿坏了。男生们好像发现了什么新奇事一样，哦，我一手撕开面包的包装袋，哦个头啊，吃了我的午餐再还我一份，有什么奇怪的吗？陈启凡就对着舒安远说，有什么奇怪的吗？舒安远转过身对周树杭说，有什么奇怪的吗？周树杭又故意朝着莫俊凯说，有什么奇怪的吗？这么一番举动，又把后排这些人惹笑了。

后排男生都有秘密。他们的那些秘密，男生们都不知道，女生们都不知晓，而像我这种熟悉他们这些男生的女生来说，他们心里那些小九九，我都了然于心。

比如周树杭喜欢长发飘飘的英语课代表。南方小镇天气多变，早上姑且晒着太阳，下午就风云突变下起雷雨。于是那个下午，穿着短袖的英语课代表在门边的位置上被风吹得瑟瑟发抖时，几乎课间都待在教室里写题的他就故意去找隔壁班的同学，自己站在门边，为课代表做了一个人肉挡风机。这一切，当男生们都沉迷于谈论湖人队与科比时，却被无聊发呆的我看在眼里。

比如莫俊凯喜欢活泼开朗的张楚心。有一次张楚心跟我聊天时说过，莫俊凯主动加了她的QQ，感觉莫俊凯很好相处。要知道莫俊凯几乎不主动加女生为好友的，这是我们认识两个月后莫俊凯自己告诉我的。

后排的男生很义气。他们一有什么课外活动，总会拉着我一起参加。一次，他们聚到我桌子跟前很认真地说，明天中午在人民广场，我们有一场球赛，你要去看吗？？我从化学练习册上抬起头来说，没问题。林子唐说，瑶哥就是爽快！舒安远从我桌上拿起一本小博，我们只告诉了你一个人哦。我随即大笑，你们是怕万一输了丢人吧？方家益大声说，开玩笑，我们什么时候输过，是不是？众男生信心满满地答，是！

那天，我特意叫了英语课代表和张楚心一起来看他们比赛，周树杭和莫俊凯看见她们两个之后，都不淡定了。我分别跟他们谈话，给我好好表现，别在喜欢的女孩儿面前丢脸啊。于是那天这两个二货跟打了鸡血一样兴奋，他们自然是赢了比赛。他们走到观众席时，两个没良心的就开始与心爱的女孩儿攀谈了，其余几个男生都坐到了我身旁，喝我刚刚从小卖部买给他们的水。

林子唐一口气灌了大半瓶水，喘着粗气问我，怎么样瑶哥，我打篮球是不是帅呆了？我说，就你这熊样，骗骗无知少女还差不多，在我这，你修行太浅了。舒安远拧着瓶盖说，瑶哥又不是同性恋，怎么会喜欢男生呢？他话音一落，就被我追着跑，舒安远，你想死还是不想活了？竟敢招惹姑奶奶我？然后硕大的篮球场上，一个凶悍的姑娘追着一个一米八有余的男生跑，观众席上的男生们都笑翻了。

后排男生很有体贴。周末一起去莫俊凯的家乡看海，我一大早就背着双肩包屁颠屁颠地去学校跟他们集合了。

上了公交车后，没有位子可以坐。站我左边的一个中年大叔不知有意无意总往我身上蹭，我就越往右边舒安远的方向靠。他大概觉得不对劲，看了一眼我旁边的大叔，就挪到了我左边的位置，让我站在他的右边。我抬起头来看着他，松了一口气说，哥们儿，瑶哥没看错你。他小声说，平时那么爷们儿，怎么这时候倒柔弱起来？我不服气地说，因为你们好欺负，所以我才那么爷们的，其实我也很柔弱的好吧？舒安远听了这话，扑哧一声笑了，我没再搭理他，把心思放在了窗外的风景上了。

后记：当我坐在电脑前打出这篇文章时，舒安远打来电话说，瑶哥，篮球联赛要开始了，你来了没有啊？

怎么样，没有我的加油，你们没信心吗？

开玩笑，我们输过吗？

哈哈，放心啦，我来了！

疲惫的生活总需要英雄梦想

海豚同学

这几天，准高三的孩子们纷纷转化身份，义无反顾地走向了高三这座孤闭的城里。我也难免文艺矫情，回到昔日高三教学楼旁，望着他们的笑脸，感叹自己来路的艰辛与不易。他们结伴随行，看不出疲惫。我也恍惚记起高三的冬天，在铺满雾气的窗户玻璃上写下心仪大学的缩写、写下sodagreen的演唱会、写下厦门，刷卷时抬起头看，便觉得生活充满了动力。这是一种类似小确幸的心理，是对未知未来的期待，是我们在疲惫生活里握在手中的英雄梦想。

暑假整理试卷书本时也发现了高三的另一种色彩。早操时总爱幻想暑假的清晨可以不那么赶，可以悠闲地吃完早餐然后读一本书；语文课上翻译古文写诗词鉴赏题的时候总觉得这题的标准答案太过造作，诗人一定不是这么想的；数学课上面对反反复复做过几十遍的数学题时总爱安慰自己熬过了高考就可以自己去学新的高数啦；晚自习下课，会拉着同桌去操场上看星星看月亮然后在铃声响起时狂奔回班上进行下一场考试；还有晚上回家学习结束后总爱写一张明信片，寄给远方。

这样的高三是不是很惬意，很文艺？其实每个人都在用着不同的方式度过相同的高三。我喜欢早读课上对着窗外升起的太阳读课文，喜欢自习课上安静下来时偶尔冒出个梦想，喜欢晚自习时刷数学卷幻想远方，喜欢总结完一份试卷带来的满满成就感。这些小小的瞬间都转化为了大大的动力，支撑我在看不见来路也看不见未来的高三奔跑。

被这些细碎美好填充的，其实是众人眼里最黑暗的高三。机械地上学放学，周而复始的一周又一周，无数次的月考周练，刷掉的一套又一套的试卷。同桌对我那种刷掉一套试卷好像得到一份大礼包般的喜悦感觉到不可思议，她问我为何每天那么元气十足？我想，是因为想去看到一个更大的世界。

是的，想去看到一个更大的世界。我是个十足的吃货，可是我在家乡的这座安静小城里只能吃到最普通的小吃，那全国各地的风味小吃怎么办？我喜欢旅行，可是现在只能跟着旅行团哼哧哼哧地赶景点，那我最想要的自助游怎么办？我喜欢阅读，可是现在只能局限在课本上，那我想要的自由阅读怎么办？我喜欢和各种人聊天，可是现在的圈子这么小，那我想要那种五湖四海皆基友的未来怎么办？只有不断奔跑，才可以自己独立实现这些吧。

范范那首被热血青年唱烂了的《最初的梦想》我还是很喜欢。那些英雄梦想就像是一个个泡泡糖，你可以看见它的色彩缤纷，可以感觉到它的香气，就算最终实现不了又能怎样呢？它带给你的美好，能够缤纷你整个季节。

去年十一月，我用了一星期准备自主招生的报名资料，写自荐信，打印资料，学校盖章，寄出。在每个环节之间忙碌着，等到EMS寄出的那一刻，觉得就算落选也值得，毕竟这个过程有很多美好。两周后，收到笔试通知。第二天，奔赴上海参加集训准备考试。孤身在上海待两周，大年三十下午奔波回家。今年三月，参加笔试前想起了在上海没有课的晚上出去逛看见的璀璨灯火，热爱的城市给我的高三添上了一笔最美的色彩。今年六月，高考。七月，查到录取通知，是个离安徽很远的南方城市，我的那些吃货梦旅行梦终于有了自己的落脚处。八月，开始了厦门的自助旅行。

愿你们也有自己的英雄梦想，关于理想，关于爱情，可以伴随着我们，无畏前行，在俗世里获得平凡的幸福。

家有老妈非淑女

凉 羽

前几日接到弟弟的电话，说家里的杨梅树又开花了，问我清明回不回去，我愣了愣，在心里极快地盘算了一下，说应该不回去了吧。

放下电话，我心里有点不是滋味，似乎自从到了广州之后，就很少像以前那样去关注家里的一切了。杨梅花似乎是一个约定，提醒着我，又是一年春草绿。

很早就想写关于亲情的文字，但是真的不知如何下笔。

小学的时候写关于母爱的作文，我都是套用俗到不能再俗的故事。什么妈妈在大雨滂沱的夜里抱着生病的我狂奔去医院；半夜起来给我盖被子；在我学习累的时候给我送牛奶……如此云云。那个时候，能把一个故事完整地写出来就很不错了，有谁还在乎故事的真实性呢！

其实，在夜里生病的事绝对有过，只不过妈妈没有送我去医院，自然也就不知道外面有没有下雨了。（妈妈画外音：不就是高烧么，怎么能脆弱到去医院呢）

我妈一直认为我抗体很强大，在家里给我找了片退烧药让我吃下，顺便再教育我几句，天这么冷，你穿得这么少，不感冒才怪呢。之后，她就给我掖好被角在我旁边睡下。

不巧的是，这两天我又不争气地感冒了。老爸知道我生病，要带我去医院打针，被我坚决回绝了。老爸特无奈地说："你得吃药啊，现在H7N9这么厉害，你可别得上。"明明是关怀的话，可听着怎么就这么别扭呢。我妈呢，更是一点儿慈母情怀都没有，劈头盖脸一顿神吼，她嗓子不疼我耳朵都疼。"让你瑟得瑟吧，天天告诉你让你多穿你就不听，这会儿生病了吧，活该！"我懒得回嘴，转过头不理她。不一会儿，她手里拿着白色药片和一大杯热水让我吃下去。唉，这个一点儿都不淑女的妈就是让我恨不起来。

再说盖被子的事。小时候，我妈绝对一宿起来好几次给我盖被子。等到上了初中，我妈睡得比我都死，每次我都是被冻醒了，起来胡乱抓被子。突然觉得这几年过得好心酸。

说起送牛奶，我更生气。每次都是我爸让我妈给我送好吃的，至少催个两三次，我妈才从那些我认为无聊至极的电视剧中走出来，极不情愿地给我送一大盘水果和一杯烫嘴的牛奶，以至于我晾着晾着就忘记喝了。第二天早上起来又免不了她的一顿唠叨。结果晚上，她照样给我送烫嘴的牛奶。妈，其实你可以长点儿心的。

姥姥跟我说，我妈未出闺阁的时候绝对是个乖巧的孩子，从不让父母操心，还总帮着姥姥干家务活。听到这，我眯起本来就不怎么大的眼睛看着在一旁大吃特吃的我妈，怎么看也没看出来她哪里乖巧。"看什么看，你妈我当年也是很淑女的。"说罢，还露出少女般的娇笑，可惜少了当年的纯真，多了一些抹不去的褶皱。

今天早上，我妈站在镜子前，挥舞着剪刀，对着"野火烧不尽，春风吹又生"的白发发起猛烈攻击。正巧看到我睡眼蒙眬迷迷糊糊走出卧室。"来，帮妈把脑后的白头发剪下去。"我拿过剪刀，一寸寸剪掉白发，手滑过妈妈的发，竟觉得有些棘手。曾经，妈妈的发垂过腰际，乌黑发亮，如今却枯黄暗淡，还夹杂着缕缕扎眼的白。是这发提醒了我时光荏苒岁月如梭，妈妈已不再年轻。

虽然妈妈不淑女，不会打扮，虽然妈妈有很多缺点，但是这个女人始终是爱我的。无论以何种方式，我都感受得到。

我的长大是以妈妈的渐渐老去为代价。我无法抗拒成长，更阻止不了时光的脚步。

我想说，妈，请你慢一点儿再慢一点儿老去，直到我的肩膀有足够的力量撑起这个家，等我有足够的能力担起照顾你们的责任。妈，一定要等我。

心上的爸爸

流萤回雪

校长爸爸

端午放假，我又一次回到了爸爸的学校，我的母校。它静得像一艘沉船。四个大操场，长满低矮的草，成了为数不多的学生的乐园，看门人养的十多只猫儿在那里打盹，或者奔跑。我在小的时候，可从来没有想过，爸爸的学校可以荒凉得像一张旧邮票。

终于啊，我看到了我在小学六年级种下的那棵梧桐树。它枝丫肆意，叶子仿佛能够伸到那个无忧无虑的夏天，当时蝉在叫，一个小孩儿在走神，她决不会想到，一个大她那么多的女孩儿正在羡慕她，羡慕她曾经居然可以那样天真。

在我念书的年代，我的校园操场整洁，走廊里跑满学生，我受全校师生注目。但我认认真真地在日记本上写下：我有一百个不愿意，不愿意我的爸爸是个校长。我那时候，如果学习好一些，就会被认为是老师在偏心眼儿，如果成绩差一些，他们就说，校长连女儿都教不好。我最耿耿于怀的事情是，每当我结交一个好朋友，就总会有同学说，我的朋友在讨好校长的女儿。

　　小孩子多么容易夸大痛苦，有一点点难过，就会延伸整个身体，每一颗细胞都会伤心。有一次，在我数学总也学不会的时候，老师让我写检讨，还让我把检讨交给爸爸签名，我流着眼泪，怀着绝望的心情一笔一笔写了三百字，认为我的爸爸一定会埋怨我不够聪明，认为这是一件无比丢人的事。中午回到家，我把检讨递给他，爸爸正在系着围裙，挥着铲子。

　　"哎，这些老师。"他叹气。

　　我听见他和妈妈说，小学时候学习不好没什么的，他就是初中以后成绩才好起来的。

　　爸爸是个预言家，我果真在初二的时候拿了年级第一。

　　如今，我的小学只剩下了空空的教室和长满荒草的操场，小学生和初中生并到了一个教学楼。而高中楼，不再收高中生，它变成了危楼，被爸爸拆掉。拆掉后剩下的场地，居然让他变成一个菜圃，每个老师分一块地，大家可以在下班吃完饭后，带着家人过来种菜。虽然学生不像以前那样多，但是老师们过得比以前还好。

我站在菜圃的边上目瞪口呆，觉得我的爸爸是再神奇不过的人。

我想起爸爸当年开运动会时在主席台上讲话时的场景。他一眼都不看我，但是我知道，他知道我在看他，认真的，用小孩子那种膜拜的眼神看着他。

所有的小孩儿，都会觉得，那个校长的女儿应该是得意的啊。

渔 夫 爸 爸

我家附近，有一条淌在太行山下的河流，它属于滹沱河的支流，名叫野河，最终将汇入海河。许多人都说，大河里的鱼都姓李，意思就是我爸爸太会钓鱼了。我曾反复回味这一句子，认为就算是做过一年的文案，我也不能形容得更好一些。

在我有记忆时，爸爸就热衷钓鱼。他偶尔带着我，或者来到河流边上，或者来到鱼塘边上，一坐就是大半天。我要么自己玩一会儿石头，要么看会儿书，还有一次，看到一条嫩绿的草蛇像蜿蜒的梦一样消失在水的深处。

第一次带朋友回家时，她跟着我和爸爸一起到鱼塘钓鱼，一个晚上，只钓到一条，朋友说真少。

我这么和她解释，钓鱼不在多少，在于技术，在于是否摸到了鱼的秉性，在于概率。鱼塘刚放鱼的时候，鱼喜欢在水面上层，绕着鱼塘的圈子游，比较好钓，过两天，鱼选择在中层游，打竿可能深一些会好钓。如此这般，从鱼的位置到鱼的食物，再到鱼的偏好，我洋洋洒洒讲得没完没了。爸爸平常会说的，可比这些多多了。

爸爸如今还会经常参加钓鱼比赛，几乎结识了所有石家庄卖渔具的商家。但是在我的脑海里，总有爸爸在我小时候在无数个周六日出去钓鱼的记忆，我在日记本里写，我很想变成一条鱼，陪爸爸钓。

其实爸爸是压力太大了。身为学校的校长，处理没完没了的琐事，而奶奶的糖尿病处于晚期，耗费家里大量的物力财力。爸爸还又是喜欢操心喜欢帮忙的那种人，他无法容忍任何一位亲戚过得不好，无论有什么大事小事，都一定要亲自费心，才会安心。早早地，爸爸就有了耳鸣的毛病，心脏也有些问题。对于这样的一个人来说，钓鱼无疑是享受。坐在河边，盯着鱼漂，就能够暂时忘却烦恼。

第一次带男朋友回家，爸爸就让我们陪他钓鱼。漆黑的夜空下面，荧光的鱼漂在水面一动不动。我和朋友小声说话，感觉到夜雾一层层从脚底蔓延到肩膀。爸爸时不时抽一支烟，袅袅的烟雾里，我看着这两个人，有些伤感了。

谁都不知道，在我很多年后找到的男朋友，是很像爸

我喜欢你是寂静的

爸这样的人啊。

钢 笔 和 表

我手上所有戴过的表，买过的钢笔，都是爸爸送的。他知道，对于一个不怎么在乎穿着的女生，一个喜欢看书和写作的女生来说，最在意的身外东西大概也就是两种——钢笔和表。

我的第一只英雄金笔不知有多贵，我在外念书的时候，他反复跟我强调着笔的贵重，可毛手毛脚的我还是在一个夜晚把它摔坏了。我抱着一卷卫生纸大哭，想念着千里之外的爸爸。寒假回到家后，跟爸爸说了这件事，他一口气给了我两支钢笔。

一支，是非常精致的毕加索金笔。另一支，是爸爸有了工作以后，拿十块钱工资买的第一支笔。我无论如何都不敢再弄坏这两支笔了。

而我的第一块手表，刚得到的时候，不觉得怎样。直到它没电了，我拿去换电池，修表的师傅打开后壳后，很郑重地和我说："你这块表太好了，要好好保存。"从那以后，每当我修表，都要和师傅说："这是一块好表。"而他们通常会很肯定地告诉我："你说得对。"

当时，我爸爸用的是一块假的天王，只有五十块钱。摔坏了，他自己打开后壳，用胶带纸粘了粘松动的部件，照样能用。他喜欢看到别人跟他说，你这块天王一定好贵！然后他会很高兴地说，假的，里面还有胶带呢！

爸爸喜欢给我买笔和表，也给我妈妈买翡翠和水晶，但是他所有的东西，看上去都很便宜，而我们也经常忽略他。因为他常常号称自己什么都不缺，就连吃饭的时候，也喜欢声称自己不爱吃肉。

终于，上班挣钱了，有一次回家，我给妈妈买了一堆护肤品，爸爸看着它们幽幽叹气，说："你什么时候给我买一块表呢？"

我想起来，还是在我刚找到工作的时候，我爸爸说："闺女，我给你寄点钱吧。"

我说："我有的是钱。"

爸爸说："那你给我点儿吧。"

我说："哎呀，我紧巴巴的。"

爸爸就哈哈大笑地挂掉电话。

我终于给爸爸买了一块看上去还不错的表。我看着爸爸试着戴上了这块表，表情也没有什么变化。我说："爸爸啊，等我以后挣得更多了，给你买更好的表啊。"

他说："当然要这样啊。"

请带我回家

苏 蒿

认真地将钥匙插入斑驳的锁孔，旋转一圈，门便啪的一声缓缓向里面退去，身后的夕阳一点一点地涌入有些灰暗的客厅。沙发、饭桌、茶几，慢慢染上橘黄色，折射出温暖的气息。

早上出门忘记带的手机上显示一个未接来电，是"最亲爱的妈妈"。最亲爱，只怕以后再也不属于我一个人了吧。

我歪着头微微地笑，夕阳一点一点接着是一片一片地碎在我的眼底，将瞳孔的颜色照得越来越深，直到溢出冰凉。

爸妈的关系在一年前急剧恶化，吵闹的声音无孔不入地将生活填满。也终于在半年前签字离婚，之后各自奔波到城市的两端，将我一个人留在这套坐落于偏市中心的旧房子里。本来家具他们也是准备变现平均分配的，是在我的强烈要求下才勉强留着。

没有了家具的家还算是个家么。

可是没有了父母有再多家具的家也算不了家，不是么。

前不久去参加了爸的婚宴。当我坐在餐桌上看着西装革履的爸爸和一直挽着他手臂的新娘，终于感觉到那些被爸爸接送上下学的日子，那些节假日和爸爸一起旅游的日子，那些为了一点儿小事情和爸爸争得面红耳赤呼呼喘气的日子，就要被岁月带走了。

爸说，小蒿，真高兴你能接受我再婚。我似笑非笑地说，爸，真遗憾你不能给我一个真正温暖的家。

婚宴间，旁桌一个中年妇女自然而然地问起我与新郎官的关系。我沉闷了很久，脑袋里迸发出各种各样有关于爸爸的画面，很快被无情地扯开幻化成许多细小的碎片。我低低地笑，说，他是我的一个叔叔。

天就那样毫不留情地暗下来，掩盖了我脸上的泪水。

妈打电话来说她的婚期定在阴历的八月十四。中秋节前一天。她说，小蒿，妈希望你能来。我躲在洗手间的角落里泣不成声，却还是不停地点头说我会去的。一定会去的。

妈说她即将重新拥有三个小孩儿。妈还说结婚后她会随新组建的家庭移民到加拿大，以后会很少回来。最后妈说，小蒿，我会常常给你写信的。

听完电话，我又开始发愣。客厅里没有开灯，从窗台折射进来的微弱的光毫无规则地、模模糊糊地散在地板上，在黑暗的地方便失去了视线。

还是像以往一样没有吃晚饭。很多时候都只是站在冰箱前看着里面满满当当的食物想着妈妈做的菜发呆。完全没有食欲，所以这半年来瘦了许多。上体育课跑步时也会常常晕倒而不得不到保健室输营养液。

每天中午看到同学从书包里抽出他们的父母精心准备的便当，我都会觉得瞬间无法呼吸，然后会迅速地逃离教室，跑到宽阔的吹满凉风的天台大口大口地喘气。

已经开始做许多似乎已经习惯的事情。我会每天看大量的关于父母、关于家庭的文章，微微地笑，就好像是自己在经历一样。上英语课的时候，会盯着黑板上"Go home"两个单词盯到眼眶红润。每天傍晚回家路过邻居的门口，会习惯性地往里探头，直到那个仅比我小一岁的女生唤我"苏蒿姐"的时候，我才尴尬地笑笑，飞快地开自己的家门匆忙地躲起来。

很多很多类似的事情。只要看到别人的温暖，我就会极度地羡慕，然后忘却了整个世界。

妈妈的婚宴很快到来。我穿了白色的小礼服，化了淡淡的妆，然后坐在贵宾席上看着妈和她的新郎官到处敬酒，歪着头微微笑起来，心里想着，亲爱的妈妈，允许我最后对你任性一次。

我开始一杯接着一杯地喝酒，到最后借着醉酒在婚宴上大哭大闹。我大笑着对妈妈吼，妈，你说我伟不伟大？我在中秋节毁了自己的家给别人家团圆。你说我伟不伟大！

妈被我吓到了，她几乎要哭出来，看着我说："小蒿，不要这样，就当妈求你。不要这样……"

我说："妈，带我回家。"说完就蹲在地上哇哇地大哭，完全不顾旁人的眼光。接着站起身，毅然决然地走出婚宴。妈在身后喊，"小蒿，你去哪？"

我头也不回，就让眼泪一直一直流，一字一句坚定地说："妈，我，回，家。"

纯　白

清　越

栀子花开了，香味浅淡。

清晨，晶莹剔透的露珠吻在花唇上。浅淡到若有似无的阳光透过敞开的窗子，给趴在窗边的少年镀了一层柔和的边，让画面看起来太过不真实。

门后的女生小心翼翼地推开教室的门，张望了一会儿以后咬了咬唇，似乎是下定了决心一般轻轻开口："来得这么早啊？"

少年抬起眼睑看了看来人，而后带着没睡醒的腔调懒洋洋地开了口："嗯，是呀。"

"这……这是你上次借给我的手帕，我已经洗干净了，现在还给你。"女生说完这些话，脸涨得通红，好像把所有勇气都用光了。

她说完就把手帕放在了桌子上，头也不回地跑出了教室。

少年抬起眼睛看着那条在阳光下散发着温暖的肥皂清香的纯白色手帕，嘴角缓慢地牵起一朵浅浅的微笑。

他几乎是全年段所有女生心里偷偷爱慕的对象，长了一副君子如玉触手也温的温润相貌，好像三月的阳光一样给人带来暖意。

呐，虽然对谁都很有礼貌但却很难让人亲近。不过就是因为像浅淡的阳光一样温暖又疏离，所以才只能远远地看着，在心里偷偷地喜欢。

沫听着女生们对他的热烈讨论，在心里慢慢生出晦涩的情绪。

有点儿自卑，有点儿苦涩。自己是平凡得不能再平凡的女孩儿啊。

那样干净纯粹的人，应该看也不会多看自己一眼吧。

这样想着，沫把手里抱着的一摞地理练习册又收紧了一些，头低得更下去了。

沫只觉得好像有什么人从自己身边跑过，猝不及防地就被撞倒了。走廊放着的水桶被碰倒了，沫的衣服湿透了，地理练习册撒了一地但万幸没有被弄湿，她舒了一口气。

真是不能更狼狈了啊！她沮丧地想。

一抹白色的衣角忽地出现在她眼前，她甚至可以嗅到面前的人身上皂角的清香，真是温暖的味道啊。

面前的人蹲下，然后递给她一条纯白色的手帕。

"赶快擦擦，不然会感冒的。"她听见面前的人这样说。

一瞬间，心脏就像被开水烫过的海蜇皮一样，融化开来。

不论过了多少年以后，沫都不会忘记，曾有一个眉眼干净的少年，给过她那样纯净的温暖。

你路过我的青春，给了我大片温暖的纯白。

少年的朱砂泪

你小时候有没有偷偷爬上一棵树

小弋先森

那天和朋友聊天，天南地北地乱侃，可不知什么时候，我们的话题转到了小时候。

聊到那时候总不爱睡午觉，等老师走后和同桌说悄悄话；聊到那时候放学总是慢吞吞地边走边玩，直到暮色四合的时候才回到家；聊到那时候十分崇拜动画片里的哪吒和孙悟空，也幻想自己拥有无边的法力……我们聊了好多好多，一边笑一边说着自己幼年十分犯二的时光。

可是随着那些时光被一一地从口中转述出来，自己的心情也由喜悦慢慢变得沉重起来。因为自己已经在不知不觉中长大，不能再玩那些与自己年龄不相符的东西。可是，就是那些现在看起来不起眼的玩物，却给了我童年最大的欢乐。

"小时候，幸福是件简单的事；长大了，简单是件幸福的事。"无意间从网络上看到这段短短的话，由衷地佩服说这段话的人对生活的领悟能力。

小时候，快乐真的是件很简单的事情。一颗玻璃弹珠，一张印有卡通人物的图片都可以让我们玩上一整天。那时候我们没有电脑，没有手机，天地就是我们最大的游乐园。

曾经和小伙伴比赛爬我家门前的那棵不高的大树，由于没在意树上覆盖的青苔，在爬到离树杈一半的地方手下一滑掉了下来，屁股重重地摔在地上。那时候自己故作坚强没掉眼泪，只是后来的几天家人没有再让我出去玩，要我在家里养着屁股上的伤。但是待伤好后，由于不甘心再一次偷偷爬那棵树，这次我征服了它，坐在树杈上高兴得不像话。

可是在我初中某次从寄宿学校回来的时候，发现那棵大树已经不在了。听奶奶说，有个做木材生意的人看上了那棵树，于是家人便把它给卖了。看着地上电锯留下来的细碎木屑，心情变得低落起来。因为小时候那棵让我征服的树，再也不在这个地方了。

慢慢长大的途中，我也开始慢慢习惯有些东西随着年纪的增长而逐渐消逝的事实。

小时候喜欢玩的弹珠，喜欢把它收集到一个个的饮料瓶中，可是不知从什么时候开始，这些玩意儿从我的视野中消失了；小时候喜欢玩的卡片习惯用橡皮筋绑在一起，可也在不知不觉中就找不到了；当时很喜欢的哪吒和孙悟空，似乎也不再那么喜欢……

我们开始上初中、高中，生活也由原先的五彩斑斓转变成蒙蒙的灰色。开始在乎升学的压力，开始在乎父母的唠叨。自己的生活，也好像由他人操纵着，不断鞭策着你该往那个方向前行。

给小学同学写的毕业留言多是"友谊地久天长""我们永远是好朋友，不要忘记我"这样的字眼，但是后来给初中高中同学写的毕业留言却变成了"以后的日子里，相信你能交到更多的好朋友""天下无不散之筵席"。因为"永远不要忘记"这样的字眼太美好，美好得很少再有人相信。

我们一生会遇上很多很多的人，记忆与情感也会随着时间慢慢变淡，于是不敢再许下这样的承诺。

每次看到路边的几个小孩儿凑在一起玩的时候，都会感觉十分美好，心里也怀着一种希望。希望他们长大后，不失去那颗快乐的本心才好。

我们在成长，但不希望我们这么快变得成熟，就让那些快乐在我们的身体里多存在一会儿。

二十四小时节食流水账

天下无敌

我一直以来都是被朋友鄙视的对象，每天叫嚷着减肥的口号最凶，但付出的实际行动最少。为了让大家对我改观，我和室友琳打起了二十四小时节食的赌约，胜了，她就不许对我的减肥口号再提出任何疑问；输了，就要请她吃一个月的肯德基。

于是，游戏开始。

不过在此之前，琳给我立下了军令状：节食是一项意志力和耐力并用的伟大运动，任何变相的偷吃行为都是可耻的。为了让好友从心底相信我是一个言出必行的君子，我决定无论精神还是肉体都一一遵从。

打赌的时候正值晚上十二点，这也意味着从此之后我开始正式进入节食状态，首先是从思想上明确节食的重要性和必要性。

要减肥就要减少胃肠蠕动，想到这里，原本打算零点之前来一桶老坛酸菜牛肉面的念头彻底打消。但是节食并不等于绝食，这样想着，我开始制订节食菜谱。只吃蔬菜，营养不均，转吃水果，糖分太高……最终，我制订了一套方案：早上一杯豆浆，中午五片全麦面包，晚上原则上不进食，只喝水，偶尔吃一两个苹果。

看着制订好的食谱，我突然想起早上没课，正好省去一杯豆浆，不禁暗自欢喜：我的节食计划必将超质量完成哦！

我睡到九点半，洗漱一番后，下铺蓝提议去食堂吃午饭，我不留情面地拒绝，"今天节食！"我一向是个很有自知之明的人，面对美食的诱惑最好的解决方法就是断绝与其亲密接触的机会。与其残忍地考验自己，不如眼不见心不烦，保住这次行动的名节。

我从包里掏出昨晚在超市里买的全麦面包津津有味地咀嚼，好似这几片面包是人间极品。阳台下方的右手边，芙蓉餐厅嘈杂的人群，每个人拿着饭盒有秩序地排队，可口的饭菜香味顺着人流的涌动飘进房间，我不为所动，大义凛然。

游戏进行了一段时间，我发现之前的担心实在是明智的——理想太丰满，现实太骨感。这不光是简单的食物问题，很可能已经上升为涉及精神、神志、道德领域的社会问题了。

首先是这天上课，我偷吃了两个泡椒凤爪和四个玉米烤肠。这不是我的错，实在是我踩点进入教室发现没有座位后才误陷了这一饿狼窝中，被集体引诱的结果。幸好她们六个只是大班上课的同学，和琳也并无交集，我这才稍稍安心。

　　不过，这对于曾经每天进食五顿且不计后果的我来说，已经是里程碑了。

　　下午下课是五点半，我很清楚自己的弱点是在日暮到凌晨期间，这是我以往觅食的高频时期。

　　一般来说，六点晚饭，十点烧烤，十二点消夜，这是我每晚必需的"工作"。或许因为这样，我的体重开始直线上升，而每天早起，寝室都会响起我踩在电子秤上后撕心裂肺的吼叫声，"我要减肥！"对于这件事，琳不像其他两个姐妹有着博大的胸怀，于是各种挑衅激将我，无耻地让我答应了和她的这个赌约。

　　我原本计划这天晚上早早上床睡觉，一觉醒来估计也应该过十二点了，到时候，二十四小时已过，我就胜利在握！想着"小贱琳"俯首称臣的样子，不由得哈哈大笑。恰巧，学生会会长的电话打了进来。

　　惯例各个分会的部长干事纷纷出席的聚会，我看着济济一堂的饭桌，深深咽了几口唾沫，肚子也开始发出胃排空的声音，而刚好此时，作为学习部部长的琳点着我最爱的杭椒鸭杂，我却只能低头咬牙切齿地挤出一份——水果沙拉。大家看见被冠上"肉食动物"的我弃肉从素时，诧异地睁大了双眼。我很不好意思地说，"我今天节食。"

"切，好端端的节什么食？脑子秀逗了！"

我一时语塞，说不出话来，只能看着肉香四溢的饭桌，幻想着自己正在品尝，我想如果让我吃一些东西，最好是肉，我一定会精神抖擞地和各大门派侃侃而谈从而壮我神威！

我的嘴巴和胃还在节食，然而精神已经出轨。

琳拿出精武鸭脖的包装袋时，我已经饿得前胸贴后背了。趴在宿舍的椅子上，歪头看着她，疑惑状。琳和其余两个室友相视而笑，"二十四小时已经过去，鉴于期间并未有违规现象，这场赌局你赢了。"琳的话音刚落，校园中心传来零点的钟声，也是那一刻起，我一把抓过琳手中的包装袋，拿出鸭脖狂啃，"饿死老娘我了！"

就这样，在二十四小时节食计划的尾声中，我用啃了十二个鸭脖的光荣战绩圆满地画了句号。但是最后还是得出了一点结论：不能吃自己喜欢吃的东西，实在是这世上最残酷的煎熬呐！与各位同在节食道路上的盟友共勉！

烟火味里的温馨

笛 尔

这是我离家来武汉上学的第三个月，大脑还不曾制造出些许乡愁，舌尖和胃便先一步想念起了故乡的风味。

我的家在西南小城的一隅，家乡人嗜酸辣，于是我对于家乡的怀想中便多了几分让人忍不住垂涎三尺的鲜香辛辣。每天结束训练后饥肠辘辘地回宿舍时，总是对于食物有一些期待，期待着在异乡能吃到什么能唤起自己味觉记忆的美食。然而时间不待人，大多数小店早已打烊。因此，我是在别无选择的失望中走进温州老夫妇的小面馆的。

面馆不大，小小的一间，一张长桌将面馆竖着分成两半，只在最里面靠墙放置着几张桌子。而煮面的大锅是安置在最外面的，在寒冷的空气里腾腾地冒着白气，对于像我这样又冷又饿的过路人来说是一种内敛而又真实的诱惑。

这对夫妇应该有五十五岁以上了。老板看上去很是敦厚，声音也十分稳重威严："要吃点什么？"我的语气也恭敬了几分，"一份热干面，打包，多放花生，谢谢。"老板并不搭腔，只是静静地转身从桌上的篮里捞出一把面来，丢进锅里放置好的一个个小篮里，不忘用长长的筷子搅一搅。

这时，老板娘低头从里屋里走出来，头发短而斑白，身材瘦削，看上去却精神矍铄，想必是个精明能干的女人。这让我想起了我的外婆，外婆于我而言也是这样一个短发消瘦而又能干的形象。

她用右手轻轻将耳畔的头发拨到耳后去，抬起头来，轻声问我："要吃什么？"语气里满满都是吴侬女子的软糯。我还未开口，老板却已经先一步说了出来："热干面，带走。"说罢，将手上已煮好的一碗素面递给她，她便点一点头，低头开始放各种调料。花生的浓香扑面而来。

我有些不好意思地轻声询问："可以多放点儿花生吗……"她抬起头来望着我，忽而"扑哧"一笑，少女似的，眼角绽开一朵花。"好哟……多放花生。"语气轻快得像孩子。一边说一边拿着勺子从花生碗里舀了两勺加进我的面里。然后麻利地从桌侧旁扯下一个塑料袋，将打包好的面小心翼翼地放进去。

"桌上有调料，自己放吧。"她指着旁边的一张小桌子说。小桌上摆满了油盐酱醋，葱花香菜，以及一盆泡椒萝卜。我仿佛看都能看到那酸香的气息在空气里游荡，舌尖上的味蕾瞬间被激活，我转身问："老板，萝卜卖吗？"老板娘又扑哧一声笑了，说："我家萝卜啊，不卖！"吐字依然清脆如江南烟雨里的琵琶声。见我黯然了一瞬，她笑着走过来，从我手上接过面碗，拿起筷子从盆里夹起泡萝卜便往我碗里放，"我家萝卜啊，不卖，全白送。你要是喜欢，便自己多夹些去吃。"我有些不好意思了，连着说："够了够了，够多了……"她却还怕我吃不饱似的，又多夹了几大筷子，一边夹一边说："哦哟，长这么可爱，不多给一点怎么行！"

　　她一直夹到我的面碗满得都快溢出来才停了手，然后笑着递给我，"下次再来哦，我们家的面可是最好吃的。"温柔宠溺的语气，让我想起了外婆在我小时候劝我吃饭时的语气。

　　温暖和满足感与水汽一起腾升，氤氲在晚秋的空气里。

　　从此之后，每晚回来，远远望见腾升的白色雾气，我便心里踏实安宁地一路小跑过来，不必我开口，老板娘便会回头向老板说一声——"热干面打包，丫头喜欢吃花生，多给她放点儿。"

　　风在外面的街道上嘶吼，雾气在深夜的烟火味中缓缓升起，我裹紧了大衣，眯着眼睛，静静等待一碗热干面来温暖一颗心。

冬天还是来了。

舌尖上的幸福却还自顾自绽着。

便　签

徐虹菲

我们周围为什么存在这么多便签，提醒我们有那么多回忆？

我阴差阳错得到去日本交流学习一年的机会。

去和外婆道别是晚上。外婆已经很糊涂了，常常不认识家人，只是偶尔清醒。加上一次车祸之后下肢瘫痪，卧床不起。

我唤她外婆，她看着我傻傻地笑着，我也笑，说我要去日本了。她说，哦，去了好好打枪呀！

大家都笑了。我说，外婆，菲菲不是去打仗，菲菲是去日本留学。外婆貌似听明白了，问我，要去多久啊？

我说，一年。你要好好保重身体，我回来了你一定要健健康康的哦！我很快就回来啦！

外婆闭上眼睛，摇摇头，说，孩子，不行了，外婆不行了哦，要死了，要死了。

我继续装作嗔怪的样子说，哪里的话！别瞎说！那我不去了！你肯定没事哦！

我以为外婆是糊涂的，哄哄就会好。

可是她紧紧闭着眼睛，忽然露出痛苦的表情。外公忙给她擦擦眼角的泪花。

我竟然没有看懂。我也庆幸自己当时没看懂。我担心地问外婆，外婆，你是不是哪里不舒服？哪里疼？

外婆闭紧嘴唇，轻轻地摇摇头。

我坐在床边，看她紧闭着双眼和嘴唇，痛苦地忍受着我看不见的疼痛，我以为那是胯骨粉碎性骨折无法痊愈的旧痛。

懵懂的我有种无力感，不知道如何面对这样的局面。我一直注视着外婆的脸，等待她的痛苦消散。过了一会儿，她痛苦的表情渐渐平静了一些，但还是闭着眼睛。

我轻轻问她，外婆，你是不是想睡觉了？

她出乎我意料地摇摇头。

外公故意调节气氛地笑着说，怎么，还想和菲菲聊聊天呀？

大家又轻轻地笑了，那笑里包含着无奈和深深的伤感。我也跟着无辜地笑了，当时我真的没有理解外婆的表情，也没有听懂大家的笑。

我又坐了一会儿，外婆仍旧闭着眼睛，断断续续地对我说，菲菲，你去了要好好学习……学习好了就好……等你回来了，我抱抱你……

外公耳朵不好，一直问我外婆在说什么。我就一边听一边解释，却忘了体会外婆难得的清醒。我说好啊，等我回来了我也要抱抱你！好不好？

她缓缓地点点头。还是闭着眼睛，但是气息逐渐平稳了。我怕打扰她休息，于是起身离开，说，外婆，那我走了，你好好休息，明天精神好好的！她点点头，眯缝着眼睛看我们离开房间。

我开始理解那沉重，离开房间后姨妈和妈妈闲聊说，妈妈那会儿真的很难过。

我才明白那几分钟里外婆所有的表情，和所有的心情。

上车之前，我本平静。可是我一回头就看见我妈的眼泪。我后知后觉地安慰她，没事哦，哭什么，我又不是去日本结婚！看我笑，她勉强要笑，却笑不出来。我突然有点难过。这时姨妈拿着相机要我们拍照。我朝他们走过去，在初春正午的大太阳底下，内心忽然排山倒海地悲伤起来。更要命的是看到微胖的八十二岁来送我的外婆，想起外公外婆昨晚的样子，还有站在旁边忍着眼泪，忍得眼眶脸颊通红不愿意一起照相的大姨，我的眼泪哗哗地就下来了，再也收不住。嫂子给我们一家拍照，我擦着眼泪拼命地朝着镜头龇牙咧嘴，不知道那效果是哭还是笑。

　　这篇文章，作为便签记在手机便签里。

　　看看开头，貌似又有了答案，只好在结尾矫情地回答下开头的问题。那么多便签，是为了提醒我们别忘记那么多的回忆，因为我们没有白白活过。

姑娘会强大到让你哭

瓴翎没有郢

我是姑娘。脑袋混淆有凹凸不平的坑内心强悍的好姑娘。

听着各路流行曲迷迷糊糊小憩，难得伤感。但是，我没有理由堕落，却有理由强大。

课上突然心情不爽，随手抓来一张纸，写上：努力好吗，不要说空话好吗，做出点儿资本不要放弃好吗，不要傻眼了好吗，不要空想了好吗，认真听课你会死吗，看着钟表上时间一分一秒流逝你高兴了吧，试卷到手你伤心了吧，牢骚发完了吧，你不奋斗去死好吗。

没错啊，就是这样，很可笑吗？

手机放在大腿上用凌乱的刘海遮住自己，眼神恍惚，心里有鬼，时不时扫扫头发摆弄发尾整整衣领。考场上的其他同学仍奋笔疾书，须臾间总会有几个抬头注视老师。

最威风时莫过于提早交卷英姿飒爽昂首阔步地走出考场的那一刻吧。

南辕北辙让同学帮忙问了成绩，和上次差不多。原来，我要的就只是这样吗？

我的童年角色是孤独者。

可以一天不讲话，却爱和哥哥玩爬墙滚土。

适合聋哑人观看没有编剧没有导演的戏。

但毕竟是姑娘，还是朝着姑娘的趋势发展。

断绝和男生一切来往后，不至于与世隔绝。但是把你装在一个真空瓶子里且放在高楼间架台上方什么感觉？金鱼被养在鱼缸里，空间很小但是有水围绕，我想呼吸却没太多空气。

随之而来只有高深的资料教科书。

学生都很怕被问成绩，我含蓄地回答，下一句听到的是鄙夷我肯定不及格。诸如此类的话听得不少，谁对我吼着上高中这种成绩有什么出息不如不要读，还有班主任教导我要自尊自爱，最过分的是某老师趾高气扬地骂我。我说如果我没有父母，是被遗弃的小孩儿，我一定会变坏，很坏很坏，存在于红灯绿酒世界里的行尸走肉。但是并不可能，我能做到的应该是变得强大保护自己。

有段时间沉迷非主流，本兮徐良挂在嘴边。正处于青春叛逆期，瞒着父母泡网吧逛电玩城玩乐，嘲笑他人不知其趣，准备成为一个伪不良少年。只是有天得知大舅去世的消息，旁边外婆泣不成声，失去父亲的那个青年夜晚迷途未归，在校园里偶遇时他手指间残余的烟草味刺鼻。

自己好像明白什么了吧？

伤感的时候就会想起一系列伤心的事情，没有人知道此时的我欲哭无泪，即便狠狠哭一场是很好的宣泄。可能内心强悍地硬了，忘记了哭是一种什么规则形式。也没有人知道现在疯疯癫癫的我不是没有伤疤。现在以及下一秒之后的任何一个时刻都会成为过去式，成为历史。

我只会越来越强大，强大到让你哭。

星座里说不要和狮子座比勇气，小时候却是连刮风下雨都会哭的胆小狮子。强大不一定就是仅有勇气吧，不哭也不代表就是强大。我相信，超人也会哭的。至少现在我不会那么脆弱，可以独自走夜路，独自半夜看恐怖片坐过山车，一直很想尝试蹦极。即使害怕过多，下一秒还是要面对你所选择的，不会因为你的害怕而消失，害怕只会更害怕，心里的那个小人也就倒下了。超人不仅是内裤外穿拥有超能力的非常人，他的强大由各种力量汇聚而来。

作为姑娘家，面对时代不断更新变迁，内心强大是在这个错综复杂政治斗争中的社会生存条件。哆声哆气靠可怜博取同情的姑娘你安心吗？多汲取点滴知识才是王道。

你没有理由堕落，只有理由强大。

颓废不是姑娘的代名词。

送给自己，一心想强大的好姑娘。

黑框眼镜

南 木

亲爱的，我一直在犹豫要用什么称呼你，最终我决定叫你黑框眼镜，因为我们毫无关系。

我们不是情侣，不是师生，不是朋友，甚至不是早晚见一面的同班同学，如果非要扯上点儿关系，好吧，曾经你是我隔壁又隔壁班的同学。你戴一副黑框眼镜。

可是我总是觉得我们之间没那么简单，一定还会有别的故事发生，可是呐，两年了它真的没发生，一切都平平淡淡，也许是上帝忘记了吧，谁知道呢?

认识你是突然的，因为一个晴朗的三月天，闺蜜告诉我你曾是她朋友的暗恋对象，然后我意味深长地看了你一眼，你当时骑在单车上笑得很烂漫，丘比特一定是忘记对我射上一箭，多年后回想起来那么酷似台湾青春电影的一幕，当时的我竟然毫无感觉，只是回过头来对身旁的闺蜜说："哦，好像小孩子啊。"那一年我十四岁，身边有一双红色的帆布鞋，喜欢蒙奇奇，八百米从来不及格，爱在语文课上写歌词，梦想去远方。

之后的日子带了点儿小神奇的色彩，明明一点也不小的年纪，我们总有办法在一天内相遇七八次，上操，放学，值日，送作业，去厕所……我会装作不经意地把眼光扫到你的脸上，你总是一脸很拘谨的表情，就像是站在老师的办公室里随时准备背出一大段检讨的样子，然后我就在心里偷偷地笑，觉得你真是可爱得像个小孩子。

日子多了我就忐忑不安了：这样巧合的事儿在你看来是不是也很可疑？放学后我拉着闺蜜在教室里磨蹭一直等到学校老套的《明天会更好》播过三遍后才慢吞吞地出门，校园里安静得只有风吹过树叶的声音，我和闺蜜有说有笑地出了校门，然后就看见了骑着黑色单车单脚撑地在路边和朋友闲聊的你。我想我们是甩不掉彼此了。

中考前是理化实验培训，你坐在我的右后方靠窗的位置低垂眼帘看书，我却不知为何紧张得汗毛都竖起来，手里的砝码也掉了好几次，弄出很大的动静，引得别人频频侧目；那时的我还未修炼成厚脸皮的姑娘，众目睽睽之下，我只会脸红。

拍毕业照那天，我看见了你，你剪了一个古怪的发型，穿了一件更古怪的白T恤，整个人那么乖巧都掩不住那怪异的风格，不过那时我也没什么资格笑你，因为我前一天剪的短发也真丑到姥姥家了，一天都是捂着脸活下来的。

接下来是漫长的暑假，我们又在辅导班不期而遇，缘分总是很奇妙的。你趴在桌上睡觉，刚认识的朋友恶作剧地拔了根你的头发栽赃给我，被弄醒的你无辜地看着我，我无奈地摊了摊手刚想解释些什么，你又迅速地趴下睡了，呵呵，你个懒猫。我看着阳光下你泛着金色光芒的毛茸茸的短发，突然很想伸手真的去拔一根。那一年我十五岁，身边有一只猫，包里带晴天遮阳雨天挡雨的伞，欣赏一切自信又有实力的少年，可以逃掉麻烦的化学课用十几分钟等一支冰淇淋。

十六岁，我上了重点高中，再没有从偌大的校园里遇到一副熟悉的黑框眼镜，我和十四岁的闺蜜渐行渐远，我认识了几个还算知心的朋友，中间我失落过，堕落过，然后我重整旗鼓准备重新再来时发现他们大都离开了，这只有一年。一年，笑声，离别，眼泪，孤独，背叛，心机，没有声音的默片，黑暗里曾经紧握的双手，一起离开，到底是该哭还是该笑呢？我怎么都笑不出来。而我就在这种荒唐的环境里愈发强大，看时光如沙漏溜走，终于成长为像战士一样勇猛的姑娘。

我也是突然才发现我们就这么突兀地消失在了彼此的生活里，想必你也没有什么不适应，回忆起来，我们交错的不过是一些零星的可有可无的片段，连故事都还构不成一篇，又有什么舍不得呢？为什么我会觉得我的锦缎年华随着你的离开被大雨冲刷得一干二净呢？

嘿，我的黑框眼镜，那你现在好吗？你还是我熟悉的黑框眼镜吗？你还是那样拘谨少语吗？你有没有站在你身边的女孩儿呢？你有没有再遇到一直相遇甩也甩不开却一直没有说过一句话的女孩儿呢？你看和我熟悉的人那么多，可我就是固执地认为只有你才真正路过了我的青春，什么都是风轻云淡的三月末，浅草才能没马蹄，踏花归去依旧香。

可是我还是好希望在我们这座寥落的小城里，某天转过一条街的转角，会迎面遇上十四岁那年坐在单车上单脚撑地认真等待红灯的你，我想我一定会上前打个招呼：嘿，你好么，黑框眼镜？

少年的朱砂泪

洪夜宸

　　"我喜欢的少年，拥有着世界上最好看的侧脸。"
她低头，一笔一画地抄下这句话。少年两个字写得格外好
看。

　　合上笔记本，盯着图书馆借来的那本《忽而今夏》的
封面，可真是唯美啊。

　　她想起莫小扬说，"你的字很漂亮啊，很干净，很舒
服。"

　　推开窗户，记忆里少年的脸映在玻璃窗上，含着笑，
很干净，很舒服。

　　把那盆歪倒的芦荟扶正，吐着碧丝的叶上挂着清澈的
露珠，亮晶晶的，每一颗都闪着他的笑容，很干净，很舒
服。

　　闭上眼，少年的脸一点点清晰地将每一抹轮廓重现，

很干净，很舒服。

睡梦中，少年在暖阳里朝她走过来，笑得很干净，很舒服。

她记得那时候，少年拍着她的肩，笑着说，"我们要做这世上最好的好兄弟。"

发现少年有一颗朱砂痣是在很久以后。

少年把刘海儿修短，凑近时，她看到那粒淡淡的、红褐色的朱砂痣。

陆明宇的左眼眼角有一粒米粒大小的朱砂痣。

百度百科说，在眼角下方如有一枚褐色浅痣，那就是泪痣。它会因为生命中的爱而生长，会发芽、成长，最后枯竭，像那盆芦荟一样。

"我喜欢的少年，拥有着世界上最好看的朱砂泪。"她想着，一字一顿地写，额角的碎发耷拉下来。

写累了，将墨笔搁下，用浅蓝色的橡皮圈将长发束成一撮细马尾。

她想起初中时自己一直蓄着短发，直到有一天，她做了新发型，接了一头长发，披着走进教室。

少年惊讶地说，"你留长发多好看呀。"

她笑，从此将头发留长，虽然还是感觉利落的短发更适合自己。

盯着镜子中的自己，长长的刘海儿、齐腰的马尾，乌黑亮眼。如果右眼眼角还有一粒泪痣就完美了，她偷偷地想。

情侣痣啊，不知道有多般配呢。

少年和她并肩走在街道上。她说，"陆明宇，你去不去学跆拳道？"

少年瞪大眼睛，撇嘴，"跆拳道有什么好的，一点儿也不实用。"

她白眼翻他，"可以打架多帅啊。"

少年水灵的眼珠滴溜溜地转，"我小时候学过很久。"

"喂，我是真的，真的学过的哦。"少年突然很认真地看她，生怕她不相信。

"嗯，那你是什么带？"

"我是什么带？……我，我是紫带。"他低头想了又想，严肃地说。

她扑哧地笑开了。少年急忙说，"你别不信，我真的是紫带。"

"好，你是紫菜，你最厉害。"看少年终于满意地点头，摇动的泪痣显得无辜和委屈。

真是幼稚啊，紫带和紫菜都分不清。

她固执地笑，真是可爱，以为道带的颜色会和彩虹一样美么。

可是哪里有紫带呢？

"他笑起来真好看，那颗泪痣一动一动的，可爱极了。哦，他还说，开学以后要骑车载我上学……"她想象着少年穿着白衬衫在前座笑着，轻轻地蹬着脚蹬。

而她扶着少年的腰，在后座想着他一动一动的泪痣。

终于，少年背着厚重的书包，推车走来说，"我带你。"

少年骑了两米，她抱着少年厚重的黑皮书包人仰马翻地趴在斑马线上，车子倒在马路中央。

她先少年一步爬起来，拍着裤脚的灰，拎起摔得惨兮兮的绿背包，好笑地看着他，居高临下。

"陆明宇，你的车技也太烂了点儿吧。"

"那是因为车座太低了，我调高些。"少年不好意思地辩解，她惊讶地发现，那颗泪痣，好像在微笑。

同学聚会，八男一女，因为他在，恰好她是那个女。

女声伴唱由她全权负责。男同胞们总爱点汪峰的歌，她不耐烦地吼了两小时，口干舌燥。她发现自己嗓子哑了。

终于轮到少年唱，她怔怔地看着，直到伴奏响起来才发现，竟然是《小情歌》。

竟然是《小情歌》啊，她听过的，会哼但不会唱。

她只好拿着话筒，傻傻地听着。

少年的声音是那种很有磁性的，很美好的男声，《小情歌》又是清新风。

她暗暗记在心里，把苏打绿的每一首歌下进了MP5，上课听、坐车听、吃饭听、做作业听。

她觉得她很喜欢那句，"我想我很快乐，当有你的温热。"尤其在少年唱过以后。

她下决心，下一次一定要和少年并肩拿着话筒，一起唱《小情歌》。

那个时候，他的泪痣一定也在笑。

她偷偷地，偷偷地想。

鱼 的 眼 泪

念 安

有一种沉默叫忍让

哈喽，亲爱的：

当忍让成为习惯后，想要再去与别人争辩似乎就成了一件很困难的事。

今天我又和Y吵架了，她是我的妹妹。就像妈妈所说的，为什么同样的环境下教出来的孩子差距会那么大，一个活泼，一个安静；一个永远挂着笑容，一个永远沉默寡言。我想，大概就是因为如此我才总是不招人喜欢吧。

我和Y吵架的原因是因为她又跑去向妈妈告状，她告诉妈妈我整天都在上网，又添油加醋地说了一堆我的种种不是，在我身后用小声的碎语趴在妈妈的耳边不停地说着，零零星星的话语隐约飘入我的耳朵，在脑海久久盘旋。终于，我转过头生气地朝妹妹吼道："你够了。"妹妹显然被一直沉默忽然爆发的我吓到了，连停顿都没有就扯开了嗓子大哭。果然眼泪是最有效的武器，妈妈对着我马上一顿劈头盖脸："你多大了啊，还对妹妹吼？你自己做错事了还不承认，我最讨厌你这种做错事还理直气壮的人……"过了好久好久，妈妈从一开始声色俱厉的责骂变成了语重心长的说教，然后又讲到了期末的成绩，像是在自言自语，因为我自始至终没有和她搭过一句话，她连我上个月的会考都一无所知，怎么需要知道我的期末成绩。

晚上，我静静地想着刚刚的争吵，忽然好怨恨刚刚的自己，埋怨自己为什么不能理解妈妈独自一人扛下的辛酸，我知道那是我所承担不了的压力。一个烈日的午后，我无意间看到一向坚强的妈妈一个人的泪水。

隔天早上，我看到妈妈把路由器收起来了。我们之间的隔阂高得我们已经望不到彼此。

她始终不知道，我上网一直是在写稿子，我希望我能更早地独立，我希望某一天我可以拿着过稿的喜讯换得她久违的笑容。

不过，我已经开始学会接受误解。

洒脱只是用来掩饰内心的惶恐

哈喽，亲爱的：

　　作为初二的学生，会考是一年里最大的挑战了吧？

　　考试前，S说，我好羡慕你啊，总是这么淡定，我现在都快紧张死了。我强装起洒脱的笑容说，羡慕姐吧，以后多跟我，我也给你传授真经。她一脸鄙夷地嫌弃了我一顿。其实她感觉不到我手心里越来越多密密麻麻的汗浸湿了握着的笔，她也不知道我越来越急促的心跳有着怎样的惶恐。地理一直是我的弱项，即使上课比往常更加认真，全神贯注地听讲，平时的考试百分制的几乎也只能得五十分多一些，及格线都达不到。后来，我发现自己对图片的记忆十分弱。

　　因为对图片的迟钝，之前记过的地图在脑海里也成了一片空白，在会考前的复习阶段，我拿着初中所有的地理图册拼命地往脑子记，对于一个在班里成绩靠前的同学，如果在会考时有着一个大大的D是多突兀的嘲讽。

　　亲爱的，其实我很害怕。记得小时候，我是一个比任何同龄还来得内向的孩子，从来不表达自己的需求和想法，对任何人给予的帮助从来都只是默默地摇摇头，这样一种状况却被父母称之为懦弱孤僻。他们不懂我需要的只是一个鼓励的眼神。

现在我一直假装无所谓，努力想要过得更洒脱，更快乐，其实只是用另一种方式来逃避，没有勇气用真实的自己去面对失败。

或许我应该提前学会去接受努力了却得不到回报这件事。

梦想是用来固执的

哈喽，亲爱的：

我发高烧了，很突然的高烧，40.8度。回家后，我倒在床上，难受得直接踹掉了床上所有的被子枕头，妈妈尾随身后捡起了一地的狼藉，坐在床沿一边念叨着不让她省心一边问我有没有什么需要。我摇摇头，翻了个身又踹掉了妈妈刚刚叠好放在一旁的被子，妈妈低头捡起被子的同时也捡起了上涨的脾气，厉声警告我不许再踹下第三次。接着俯身把冰凉的手掌贴在了我的额头，让我感觉像一股凉水从头顶倾泻而下深入骨髓，便把头扭向另一边躲开这股透骨的冰凉。

不记得是从什么时候开始，我竟迷迷糊糊地不停地说着胡话，其实也不算迷糊，我知道我在说什么，只是抑制不住地想说，或许是心里藏的事太多总会在某一刻决堤。在其他人眼里不过是发烧说胡话，没人会知道那是我藏了很多很久的心事，只是以这样一种玩笑般的形式说出口。

第二天醒来时，太阳已经明晃晃地挂在云端，刺眼的光芒不留情地扎过瞳孔。

妈妈推开房门说，以后别再写课余的那些小说作文了。我惊奇地睁大双眼——妈妈要我放弃的何止是文字梦，更是我成长中最大的精神支柱，让我撑起挫折的支柱。

短暂的沉默，此刻空气把时光凝固在周围。

妈妈似乎是下了很大的决心："喜爱文字的人都不会快乐。"可说出来的语气依旧平淡，"你本来就不爱和别人沟通，再去写那些乱七八糟的东西更会胡思乱想。"

"可我很快乐啊。"口是心非成了习惯，我们的交谈出奇的平静。

"你再这样下去你会得抑郁症的！"

"不可能！我过得一直都很开心。我不可能会放弃的。"我们的口气都明显的激动了。

"你为什么总是这样固执？！"妈妈增高了语调，丢给我一个似责骂又似疑问的句子。

"你为什么总是这样偏激？！"我反问。

"我偏激？！"妈妈显然情绪波动更加激烈，忽然，她像电视剧里情侣吵架那样指着门吼着："你给我出去！"

"你不知道文字于我是一种依赖。"我静坐在原位。

"出去！"妈妈用一种禁止任何人靠近的状态再一次

怒吼。"不要让我忍不住用赶的！"我们的交流渐渐显露出了暗藏着的波涛汹涌。然后我毫无意外地走出了家门。

亲爱的，或许你会觉得我对你夸张了事实，觉得这样的情节太戏剧化。可是我对这样的情景早已习以为常，我们只是需要时间来彼此冷静和思考，因为有时候，一个人的难过是不希望被打扰的。如果是在晚上，我就会静静地慢慢地踩着一级一级影影绰绰的楼梯悄悄爬上天台，望着远处的夜色下的灯光氲出连成一条的迷离光线，在静谧之中沉淀出最真的自我，有时候忘了时间，就这样沉默地坐一晚，这对于失眠患者来说并不是什么难事。直到远方开始泛起白边，再踩着楼梯走回家。此后，对于之前的争吵我们都很有默契地绝口不提。

可是亲爱的，今天连最亲的妈妈都要我放弃。

我想只剩下你会支持我让我坚持走下去了，因为你就是我。

我需要自己给自己一个坚持的动力，可是，如果我的梦想和窗外的风一样飘忽不定，我是否该一路走下去？

我依旧相信美好

哈喽，亲爱的：

最近我开始疯狂地念旧，连我自己都觉得莫名其妙。我开始小心翼翼地珍藏旧物，开始记录对于明天来说所谓的往事，开始无限地悲春伤秋。每天晚上，我总是闭着眼睛躺在床上回忆快要被遗忘的点滴。

柔和的黑夜终于取代了疲惫忙碌的白天，我依旧呈现出半梦半醒的状态开始漫长的回忆，我从小时候的秋千跳棋想到了一年级时困扰了我许久的拼音字母，从小时候为人鱼公主潸然泪下到现在的无动于衷，从小时候我最爱的大头儿子和小鲤鱼想到了现在铺天盖地的教科书……

就在我疯狂地怀念时，却感觉到自己的手被放入一只温暖的大手里，紧紧地握着。我正准备睁开眼睛疑惑地抽出时先听到了妹妹的声音："妈，你在干吗啊？"

"她太缺乏安全感，这样能让她比较有安全感。"妈妈熟悉的声音小心翼翼地散发成音符："小声点儿，你姐一直都觉浅，不要吵醒她。"

我忍住鼻头涌上的酸楚，假装翻身蜷进了被窝。

S在会考成绩出来后告诉我，说我会考双A。接着，她又走开去告诉几个要好的同学，平时起伏不定的同学得知自己是双A后都兴奋得快要尖叫，好像自己得到了幸运女神太太的眷顾。我大大地松了一口气，庆幸考前没有自暴自弃。

登上QQ，跳出广丽姐姐的消息提示框，是过稿的通知。我觉得我是幸运的，一个简单的通知在我彷徨不定时让我更加坚定地去证明我的固执是正确的。我把通知拿给妈妈看，我相信她可以感受到我的喜悦，因为，她不再反对。

　　在成长这趟漫长的旅途中，我开始将最初百折不挠的倔强一点点地遗失在过往，但一直没有遗忘最初出发的理由，没有放弃。

　　我学会了接受意外，接受误解，接受遭遇他人怀疑的固执，对待一切学会了更加冷静地接受与思考，但这些都是每个人成长中大同小异的过程。我依旧相信爱，依旧去相信梦想，依旧去相信遥远的奇迹。这样，我可以活得更加快乐。也许明天的我和今天没有不同，还是固执地走在自己选择的道路，也许明天的我爱上了朝阳的蓬勃，但无论怎样——

　　我都还拥有无数个明天。

来日且方长

明明就是angle

陈娅婷

1

横山中学是山里面唯一的学校，通外的铁轨顺着学校后面的操场一路西行，看不到尽头。

更多的时候，安吉都会朝远处探头，数着经过的火车一共有多少节车厢。车声隆隆会惊散两旁林子里的鸟儿，扑腾着翅膀仓皇打转。

在火车轰鸣远去的末尾，她会对那些车厢里表情不一的陌生人挥挥手，说"再见"。

她说，"离开的人都不会再回来。"

安吉姑娘和大耳朵陈昊的情谊起源于小学的一次数学口算竞赛，历经重重考验过关斩将，显而易见的答案五十二却在最后一秒被陈昊改成了五十三。于是陈昊甘居亚军败给了安吉。陈昊说："反正赢了你，你也是要和我生气的，那不如让你开心一点儿。"

就冲这一句话，安吉姑娘收了陈昊做自己的小伙伴儿兼跟屁虫。

旧操场是由一个简易的栅栏圈围而成，开春的时候，栅栏外圈有很多不知名的小花，红的、绿的，格外惹人喜爱。微风掠过，偶尔会有蒲公英搭着轻风落到陈昊的衬衫上，安吉就仔仔细细地帮陈昊揪出那些拼命想要飞翔的"羽毛"。

"那些种子那么喜欢粘在我身上，是不是因为喜欢我。"陈昊睁大眼睛数手指上的螺纹，妈妈说过有五个螺纹的人是很好命的。

"你是种子们的梦想吧，你看你多荣幸。"安吉接过话茬，"飞出去的梦想总要找个地方落脚。"安吉双手捧着那些刚刚揪下来的战果，那些轻柔的、美好的、躺在她手心里的，是倔强得不肯服软的梦想吗?

暖色微醺，安吉眉眼温柔地打量着眼前的陈昊，一阵微风扬起安吉额前的刘海，眉目如画。倏忽之间，手里的种子也借势飞出了掌心，飞向更高更远的天空。

是的，那些梦想从不曾停下。

2

四月的雨，就像山间流淌的清泉，叮叮咚咚，淅淅沥沥。

在窗檐上滴成一条线，安吉很想把那些透明的线条打成一个蝴蝶结，然后递给百米之外的陈昊。

她在心里念叨：雨水啊，雨水啊，你快流吧，流到陈昊家，替我去寻他。百无聊赖的时候，竟然听见敲门声，安吉急忙起身开门，却只看见班主任提着一袋晒干了的蒲公英候在门外。安吉只得恭敬地迎他进来，然后听他絮絮叨叨。

班主任是个古板但是负责的老头，总是一声不吭地站在门外，直接提溜出那些上课开小差的同学，罚在走廊上站成一排。听奶奶说，班主任年轻时候满腔热血来支教，一代又一代的人走了出去，却没有一个学生回来看过他。后来他一直没走，也没成家，他一辈子都想送那些不属于穷山村里面的孩子走出去。

目送班主任渐行渐远的背影，她第一次有些茫然，目光瞥向桌上的晒干了的蒲公英，"就算制成干价值高，你也要问问蒲公英愿不愿意啊，是吧？"安吉低着头自言自语。

一个礼拜后，班主任公布了一个喜讯，半年后的全校数学竞赛，优异者可以直接保送市重点高中，安吉回过头看着陈昊眼睛里的亮光。那亮光就像一条随时会腾飞的龙一样。

陈昊搬来一大摞数学资料，他说，"安吉，我们要加油，要努力，飞向更广阔的天空。"

老头还糊了一张大红纸贴在墙上，他说，上了红榜的人都是了不起的人，都是要走出小山村的大人物。

安吉因为平时成绩优异竞赛成绩位居榜首。

安吉踮着脚尖数，数陈昊和自己还差几格，在她心里固执地认为，榜首应该是那个小学起就过关斩将拿下数学竞赛第一名的陈昊。

只不过陈昊每次竞赛总要做点小手脚输给自己。

这些她并不是不知道。

3

"妈妈说我将来肯定要走出小山村去往大城市的。"陈昊一字一句地说。

那时候安吉很想扑到陈昊的怀里抱抱他说，你会回来吗？但其实她只是伺机抢走了陈昊手里的糖。

他问："你是不是舍不得我走？"

"少来了，我只是比较舍不得你的糖。"

安吉说："从现在开始，每一天你都给我一颗糖，直到你走的那天，好吗？"

陈昊心里嘀咕了一下，说："那要不少钱吧？"

嘟嘟囔囔的陈昊被安吉提溜着耳朵问到底给不给的时候，恰好又有一辆火车鸣着笛渐进，轰隆隆地开进她的视野，然后疾驰而去。

那时候安吉意外地没有数车厢，而是扒着栏杆傻呆呆地看。

安吉问："车上人的表情，是不是像我一样。"

那个时候，她好像看见那些旅人们不能触及的忧伤，每个人都有一段只知起点不知终点的旅程，一闪而过的风景路过后，谁会为它驻足呢？是无心还是有意，她觉得自己终于要开始这样一段旅程。

陈昊问安吉，"你说的是什么表情？"安吉低着头，没有说话。

繁重的课业使得陈昊通宵达旦地看书复习，酸涩的眼眶也不能阻挡他学习的热情。同学说，"陈昊就像一个书呆子，说不定上厕所都在看书。"

偶尔会有蝴蝶落在教室的窗台上，阳光下的穿堂风将书纸泛起沙沙作响，如同跳跃的音符。安吉的目光凝视着那只停在光与影间隙中的蝴蝶上：一半的翅膀沐浴阳光，另一半藏匿阴凉。

4

听说天上的星星白日里会变成仙女偷下凡间，日落又变身星光明亮在夜空。

安吉说，"我不是仙女，可我也要偷跑出来见你。"

她拐着脚踩在坑坑洼洼的石子路上，走路摇摇摆摆，像一只笨拙的瘦猩猩。

安吉捏起小手朝陈昊家的窗户轻轻叩，然后将一包七彩的水果糖放在窗台上。

安吉轻声问："为了给我买糖就错过一节课的考试时间，你不怕吗？"

陈昊望着远方，"我不怕！这是你的愿望啊，我是男孩子，说到就要做到。"

"你有什么愿望？"安吉的心此刻竟疼得不能言喻。

"妈妈说最大的愿望就是我可以去省城读书。"他侧过头问安吉，"那你呢？"

嘴上说着"不知道"的安吉却双手合十，对着满天的星光在心里默默许愿。

陈昊说，"你个傻蛋，没有流星愿望是不会成真的你不知道吗？"

安吉笑了笑，小心翼翼地剥开糖纸，将糖含进了嘴里。

你会原谅我一点儿小小的私心吗？陈昊，就算意识里明知流星才会实现愿望，可还是想你留在我身边。

窗台上的糖纸映透着星光，他们开始闲聊天使到底长什么样子，最后得出一致的结论，天使就长安吉的样子。

星光熠熠，所有的平行空间里故事都是最美好的结局，就像很多年以前的我们热爱星光，多年后看到满天的繁星，依旧会是那份虔诚。

陈昊，你说你从来不怕，不怕吵、不怕耽误课程、不怕妈妈骂……可是我怕，我一直怕。

我只求时间不要把你偷走。

陈昊和安吉约定，要一同去省城，一起寻找自己的梦想，安吉总是不回答，咧着嘴笑得格外灿烂。

离考试越来越近，陈昊和安吉待在一起的时间也越来越久。他常常用笔指着习题告诉安吉这道题该怎么怎么解，那样的推导公式如何成立。安吉打着哈欠说，你说这么快我都记不住，还有那题已知条件你又不告诉我，等等。陈昊则爱用笔敲着她的头说，你怎么可以这么傻。

安吉想，陈昊埋头写字微微皱眉认真的样子真是格外好看。

夜幕，安吉摊开课本看陈昊勾勒出的所有重点，轻轻松松地解出了几道陈昊都计算不出的难题。

她说，"陈昊，为什么有时候你比我还不懂呢。"

我不说，你就不懂。

这就是默契吗。

5

公榜的时候，大家都十分意外，只有安吉站在位置上微笑着，这个答案，她比谁都满意。

去重点高中的名单里，赫然写着陈昊两个字。

那是她烂记心里念过千百遍的名字。

时光退到一周之前，考卷发下来的时候，陈昊闭着眼睛深吸了一口气，刹那之间，喜出望外的是最后一道压轴，竟是自己曾和安吉做过的一模一样的原题。

然而只是一瞬，他忽然想起从一开始就被自己护着的那个姑娘，那个像天使一样存在的姑娘，她的眸子，她明媚的微笑。他忽然意识到，更高远的天空，便是别离。

他想起日夜的复习，想起父母的叮咛。时间一分一秒地流逝，最终他还是选择了把试卷填满。

那一刻，陈昊觉得自己离梦想如此之近。

下课铃响起的时候，他冲出来看见安吉一个人站在人群里，安安静静，就像一个走丢的小孩儿。

"陈昊。"她叫住他。

他走近她，走到她的身边，走到人群的中间。牵起她的手，他说："我们回家。"

他们的背影陷在夕阳里，带着一点点秋意的萧瑟，慢慢地走过曾经落下蒲公英的泥埂。

她带着往日的笑意问："陈昊，你有故意答错一道题吗？"

陈昊忽然不言一发地扯过安吉紧紧抱住，他有一种汹涌且澎湃的愧疚感，那是一种难以面对的愧疚感。

然后是大片大片的沉默，晕散不开的、浓稠的窒息感。

"我开玩笑的啦。"安吉漾起的笑容冲破这种令人窒息的生疏。

一辈子总有一个地方要到达。那么，我护你起航。

班主任领着全班同学给了陈昊热烈且持久的掌声，其中安吉憋着力气鼓得最洪亮。

你终于不再是我的小跟班，可我为什么一点儿也笑不出来。

陈昊在讲台上发言，赞美之声不绝于耳，何等风光。

"我们，总该长大。"这是少年陈昊对天使安吉说过的最后一句话。

少年长大了，他却忘了，天使却一直守在原地。好像是有一点点的凉薄了吧。

陈昊，从前我们一起观望火车，后来变成我向你行注目礼。

你成了我的观望，我的过客。

6

　　安吉始终忘不了那天屋檐下的雨，以及突然拜访的班主任。

　　他说考进省重点全班只有一个名额，如果好好看书，一定非她莫属。

　　而谁也不会了解到，试卷上最后一道题，安吉独独空在那里。谁也不会了解到，那天的雨水，冲开了两个人多么远的距离。

　　陈昊终于捧来了一大把糖，一个晚上跑遍了小镇的各个商店，他想赶在自己走之前给安吉留下一笔大宝藏，也许这些糖能代替自己，让安吉不再想他。

　　走的那天，天空又飘起了细丝的雨。陈昊提着行李，一直没有等到来给自己送行的人。他找到穿制服装的检票长，然后非常礼貌地说："叔叔，能不能把火车的声音开小一点儿，我怕太吵了。"然后引来周围人的哄然大笑。

　　陈昊缩着脚，贴在窗户边上看落日，看校园里的篱笆树，还有也许可能躲在篱笆树边的那个天使。

　　月末的时候，安吉终于因为牙龈炎被拔掉了一颗蛀牙，医生说从此都要戒糖。

　　她忍着疼对着镜子张开嘴"啊——"，然后看到镜子里的自己，看到牙龈上那一个流着血的窟窿，她终于看清自己的表情——脆弱、无助、滑稽，就像当天目送火车离开的那天，她曾经忍住没有给陈昊看过的表情。

陈昊，你看不到，自然也猜不到，我是怎样不舍得。

她终于不可抑制地哭出声来。

来日且方长

盛夏流年

1

苏岩给安小乐的第一印象，只有一个字，那就是黑。初二上学期，安小乐随父母转到这里来上学，正当班主任带着她入班时，苏岩从走廊横冲直撞地奔了过来，不好意思地冲班主任笑了笑，目光却转到了她身上，惊奇地说："新同学啊。"安小乐礼貌性地笑了笑，心里却在不住地吐槽：这孩子，咋这么黑呢。

此后的日子也只是如流水一般，太平无事。安小乐很快有了自己的小圈子，学习也开始步入正轨，除了每天都会看见，安小乐甚至没想过自己会和苏岩有什么交集。直到一次体育课，同桌突然肚子疼让安小乐陪她回教室，路过篮球场时，安小乐瞄了一眼，却看见了苏岩。他从对方手中抢过篮球，助跑，投篮，一气呵成，他那么耀眼，整个篮球场仿佛都是他的世界，任他驰骋。回到教室后，安小乐问起同桌，同桌满脸自豪："那当然，苏岩可是我们学校篮球队的主力呢，厉害吧？"

"嗯。"安小乐重重地点了点头。

2

和苏岩真正熟络起来是在调位之后，安小乐坐到了他的斜后方，这时她才真正近距离地认识了苏岩的黑。因为这黑，班里给他起了个外号，美其名曰"黑人"。但苏岩却毫不在意，一副我黑我骄傲的样子。老师也常拿他开玩笑，有次回答错了问题，语文老师笑道："没事，反正脸红也看不出来。"他假装生气地把脸偏向一边，嘟起了嘴。安小乐忍不住笑了出来，这样的苏岩，蛮可爱的嘛。

苏岩的成绩并不算好，这次调位老师也有让安小乐辅导他的意思。可苏岩总是一头雾水地问题，听了一半后，耐性就消耗没了，不满地嘟囔两句，对安小乐说："怎么这么麻烦，我还是别做了，一会儿抄你的吧。"随后又和他那群哥们疯去了，安小乐只能无可奈何地叹气，可脸上却还挂着笑容。

3

不知道为什么，有段时间班里在传安小乐和另一个男生的绯闻。无非就是问过几个问题，一起出过黑板报嘛，班里的人怎么都这么迂腐幼稚，安小乐愤愤地想。可越解释越混乱，每次安小乐去收作业时班里几个调皮的男生都冲她乱喊，安小乐不理他们，他们反而喊得更欢了。那几个男生也是苏岩的好哥们，每次苏岩见安小乐被戏弄都会上来解围，拿起一本书在那几个男生头上一人敲一下，义正词严道："喊什么喊啊，不无聊啊。"可说完却又恢复了嬉皮笑脸的样子，和那几个男生勾肩搭背一起出去了。

"谢谢你啊。"安小乐把草莓味的阿尔卑斯送给苏岩作为报答，他也只是孩子气地挠挠头，不说话。

4

时光打马而过，转眼间已是冬季。洁白的雪轻灵飘扬在校园里，就像仙境一般，让人不忍触碰。周五放假回家，走到车棚时，闺蜜突然想起忘拿钥匙，急匆匆地回去拿。安小乐就站在学校的大松树旁等她。雪给松树穿了一层白纱，像是圣诞树，安小乐双手合十正想许个愿，突然听到"啪"的一声，转过头后发现原来是苏岩骑车子摔到了地上，正想去扶他，内心却生出一个邪恶的念头。她望着苏岩可怜兮兮的眼神，故作惊叹状："哇，你衬得雪好白啊！"于是，安小乐成功地看见了苏岩张大了嘴巴，一脸哀怨地从地上爬起来。安小乐想，这真是今天最高兴的一件事了。

5

那一整个寒假，安小乐都窝在家里看火影。因为苏岩曾经将他最喜欢的火影角色的海报拿给安小乐看，自豪地问她帅不帅。安小乐也为此酝酿了好久画了一幅那个角色的画像，满怀期待地想给他个惊喜。可就在安小乐纠结于找什么借口送给他时，却听说，苏岩交女朋友了。

女生叫朱潇潇，安小乐也认识，是补习班的同学。她的手很巧，当时她的涂鸦在班上广为流传，安小乐也曾赞叹她画中的人物栩栩如生。那她画的人物像一定比我画的好看多了吧，安小乐叹了口气，将那幅画夹进了一本书中，放入了书橱。

去上晚自习时，安小乐遇见了苏岩。朱潇潇想要减肥，就在腿上绑了沙袋去操场跑圈，苏岩也绑上沙袋陪她跑。看见安小乐时，他挥了挥手，正是乍暖还寒的季节，安小乐却看见了他头上晶莹的汗珠。同行的同学感叹道："朱潇潇真是好运气啊，有黑人陪着她。"安小乐没说什么，只是侧脸看着夕阳将他们两人奔跑的身影拉得很长，很长。

6

接着就是乱乱的中考，安小乐自然考得不错，而苏岩则令人担忧了。七月中旬回学校领取录取通知书的时候，她听见苏岩和另外几个同学商量聚会的事，她也嚷着要去。没想到苏岩居然说："我们可不敢带你去，把你这个好学生给带坏了谁负责啊。"安小乐的心一下子就凉了，骄阳似火的夏季在那一刻对她而言，与冰冻三尺的冬季有过之而无不及。也就是在同一天，安小乐知道了苏岩的牙不好，平时不敢吃糖。原来，自己并不了解苏岩，正如苏岩不了解草莓阿尔卑斯的含义一样。

"自己和他，终究是两个世界的人啊。"安小乐在日记里这样写道。或许，是最后一次了。

7

果然不出所料，安小乐进了A中重点班，苏岩虽然也进了A中，但只是分在普通班，朱潇潇则去了C中。虽然在同一所学校，但由于楼层和回家的方向不同，两人的学校生活就像两条平行线一样，彼此相安无事。

来日且方长

冬季又至，看着飘飘洒洒的大雪和Ａ中角落里那棵高大的松树，安小乐觉得恍若隔世。那个在球场上闪耀着的少年，他还好吗？松树无语，落雪无语，人亦然。

问过同桌，安小乐才知道由于教室缘故，这一楼层既有高二理科重点班也有文科重点班。中午放学时，安小乐看着迎面走过来的苏岩，忽然发现他没记忆中那么黑了，或许一切只是自己的一厢情愿吧。想到这儿，安小乐的嘴角不经意间上扬。

就在擦肩而过的瞬间，安小乐在心底说道："再见了，少年。"

来日且方长，唯愿你我安好。

一起去偷月亮的呼吸吧

浅步调

想去西塘是因为古镇情结，跟很多人有大漠情结、海洋情结一样。乌篷船，青石板，小桥流水，似水年华，刘若英那个不到一分钟的广告，每一次看，都会多一次心驰神往。可是，乌镇已经在大家的关照之下，明目张胆地完全商业化了。于是，你也随众人所选，选择了西塘，比乌镇小，但是情调不减。

你生活的地方，在四季分明的北方平原。不会常常下雨，要下雨就是夏季的倾注而下，也因此河存在的方式是夏季宽而猛的流动，冬季不可避免地断水和积沙。第一次见到西塘安静的水，甚至有那么一刻，你觉得奇怪。

故意把到达的那天选在阴历十五的下午，抱着能够看到一次古镇月圆的期待。收拾好行李，西塘已经夜华初上，河两岸人家的红灯笼零星地开始亮起。走在桥上，映着红灯笼远处有光影流动，桥下不远处有两个背对着你的船夫，为了船不乱摆动，把船拼成人字形，在用你听不懂的方言交谈。你的旁边，有很多人在对镜头摆姿势，你也着急地摆着剪刀手，生怕桥下的船走了，远处的灯笼灭了，这一张注释了你对西塘所有元素的背景会突然溜走了。等大家一起好奇桥下的两个人是不是为了方便我们拍照故意停下来的时候，两个人已经摇起了船桨，各自划回了自己的方向，波纹在桥下打了一圈又一圈。你看到，旧的乌篷船走远，新的乌篷船驶过来。慢下来的生活，不被打扰的西塘，就这样柔软了你的心。

西塘的街，夜晚出乎意料地热闹，酒吧的声音震天响，怎么样也跟之前想象得不太搭。你沿河逛了许久，就回去了住的地方。期待第二天一大早，你自己的安静西塘街巷，脑袋一累，好像都把你最初期待的西塘月圆给忘记了。

是在半夜上厕所的时候，突然醒来，突然想起必须看西塘月圆。拉开窗帘，住的客房的外面有个小庭院，老板还很有情调地加了一个木制的秋千。于是，前几天还被蓝可儿视频吓得不敢住旅店的你，大着胆子披了件外套就出去了。外面冷冷的，还有风，月亮很孤单，安静地自顾自地圆着。等你坐在秋千上，抬头看月亮时，忽然想到了一句话：好想去偷月亮的呼吸。是有人跟你说过吗，还是看过的书里有提到，再或者是看的电视剧动画片里面见到的，真的想不起来了。可是，那一刻，好想找到那个人，一起去近距离看看熟睡的月亮，一起去偷月亮的呼吸。

月亮，它到底看过多少时过境迁？若是看过那么多的悲欢离合，怎么每个深夜，它都还可以这么安静地入睡，这么安静地呼吸？

你到的地方，几百年前，是怎样的西塘人家，月亮一定知道的吧？

是不是某年元宵会上，在灯影桨声里，某个面容姣好、英俊潇洒的男子走上戏台唱了一曲，惹得台下几多欢喜几多愁。后来，他娶人为妻，有了很远就骄傲地喊他"爹爹"的小娃娃。等他胡须花白，费力地摇着船桨路过社台的时候，是不是还会对当年的意气风发念念不忘？

油纸伞下，有没有一个女子因为看到心上人不经意地微笑，曾经害羞地侧过油纸伞，悄悄用手帕遮住涨红的脸。后来她嫁作人妇，从那个狭窄的长弄堂里锣鼓喧天地走出来，坐在花轿里跨过桥走过河，嫁到了某个远方人家，从此冠以他姓。后来，她在另一个水乡，也有着每隔十米一个埠口的远方，洗家人孩子衣服的时候，抬头擦额头汗珠的那一刻，是不是还记得当年在桥上心动的感觉？

而现在，坐在看台看戏的人们，走在那条桥上的人们，是不是也小心翼翼地牵起了身边人的手？是不是也在酒吧闭着眼睛听歌时，想到了某个思念的人呢？

月亮没有回答你，它依旧安静地睡着。你悄悄偷走了月亮的梦，月亮的梦在告诉你：其实，你是过客，在西塘。西塘人家，依旧像几百几千年前，缓慢安静地生活，在曾经相爱的地方，依旧有爱情在游荡。每一个地方，即使你生活的三月有扬尘的地方，也一样，在曾经相爱的地方，依旧有爱情在游荡，只要你相信相惜。

我相信相惜。嗨，我们下次一起去西塘偷月亮的呼吸吧。

堇色年华

易晴初

1

晴初第一次知道许川是在校刊上。不过，那时的许川在晴初眼里是个笔名叫卡布奇诺的少年，才华横溢，会写漂亮的诗，但也仅此而已。

晴初是欣赏许川的。不仅因为他的才华，更因为许川与自己太过相似，喜欢同一个诗人，喜欢摄影和旅行。晴初读得懂并喜欢着他诗里波澜不惊的哀愁和自始至终的坚持，她迷恋着许川字里行间的淡淡温暖。晴初想这便是知己吧。

上天赐给了晴初一个机会。高二分班，他们不仅被分到同一班，而且成了前后桌。两条似乎没有交集的平行线就这样相交了。很久之后，晴初才知道，坐在自己身后的许川，就是自己一直想认识却没有机会认识的叫卡布奇诺的少年。

晴初清楚地记得，那天，午后的阳光慵懒地斜照进玻璃窗，晕染出醉人的色彩，在漫天的灿烂光华中，许川看着她眼里的惊讶与欣喜，狡黠地笑开：小妖，早就想认识你这个小才女了。

高一时，晴初用小妖这个笔名在校刊上发表些记录心情的小文章，她没想到许川也注意到了自己。许川说她的文字温柔细腻，有一种让人舒心的感觉，一看就知道是出自芊芊女子之手。

那天的天气是那么好，以至于晴初每次回想起那一天，心里便落满了那日的阳光，澄净美好。

日子不温不火地又过了两个月，每天和许川谈谈诗，交换看对方的周记，聊梦想和未来，晴初只觉得满心的愉悦。此时已完全是冬天，寒冷干燥，晴初把自己塞进毛衣里，只露出两只亮亮的眼睛。她手上捧着奶茶，有一口没一口地喝着。晴初喜欢奶茶，醇香而可以温暖整个心房。

晴初忽然笑了，许川看着这不怀好意的笑，无奈扶了扶鼻梁上的眼镜，仿佛已经习惯晴初不按常理的思维。

晴初说：你是我的什么？

许川想起那个广告，试探性地回答：优乐美？

晴初哈哈大笑起来：错，是香飘飘。看着许川迷惑的神情，晴初有些得意地接着说，这样我就可以把你绕地球两圈。

许川笑了，晴初喜欢许川的笑容，干净得像三月暖阳。

许川是班长，而且数学上的成绩高得让晴初只能四十五度仰望。每次数学卷子分下来，晴初都要把许川接近满分的卷子翻来覆去地看，恨不得看出两个洞。许川见此往往只是笑笑说：小妖，还不回你的蜘蛛洞再修炼修炼。晴初横他一眼：懂什么，是盘丝洞。

晴初最喜欢的事情是咬着笔杆低头听许川讲数学题，他好听的声音在晴初的脑袋上方清晰传来，晴初默默在心底重复着他的每句话，嘴角勾起一丝坏笑。忽然头上一阵痛，她不满地抬头瞪着许川。许川做无辜状，我讲完了，听懂了吗？许川总是如此温和，像童话里的王子，一遍遍地讲题，声音里却没有一丝的不耐烦，实在拿她没办法了就敲她的头以示惩戒。

2

日子悠远美好，晴初以为她和许川会一直这样到高中毕业，至少不会想到后来几乎成了陌生人。

许川有时会站在走廊，眯着眼眺望远方，他的白外套沐浴在阳光下，背影挺拔俊秀。晴初不知道他在看什么，但是她想知道。

问许川，许川总是笑笑地摇摇头不肯说。

晴初想，若是自己不追根究底，自己什么也不知道，那么她和许川又会是什么样子？但晴初不后悔，早一点儿看清事实，没有了期待，潇洒地抽身离开，结局也没那么坏。

晴初顺着少年的眼，便看到英语课代表林晓芙小小的身影，怀抱一沓作业本，从办公楼出来，后脑勺的马尾静静地垂着，如主人一样安静乖巧。到了楼下，林晓芙忽然抬头，看到许川，笑容如涟漪一般绽放。许川看着她，表情是晴初从没有见过的温柔。

晴初揶揄，看到心上人啦，一副春心荡漾的样子。许川的眼底似乎有些隐藏不住的心虚，他拍拍晴初的头，微微笑道，易晴初，有时间关心我的终身大事，怎么不花时间解决你自己的？晴初笑着，心却无声地碎了一地。

原来，许川一直喜欢的是林晓芙。

林晓芙有时和许川在走廊上说笑，阳光打在她白皙的脸上，显出微微的红晕，像个漂亮的瓷娃娃。让人惊异的不是她的长相，而是在人群中你一眼便可以看到她的气质。她谦逊有礼，对谁都笑容满面。林晓芙就是这样一个全班心目中接近女神的美好形象。

寒假姗姗来迟，晴初把所有行李一股脑儿全丢在地上，打开电脑，登上林晓芙的空间，许川的留言比晴初想象的还多，晴初更没有想到的是，林晓芙也写诗。

许川，我引你为知己，而你的知己却是林晓芙。我请求验证我的结论，结果不是相悖，而是高度一致。这不是我的错觉，事实就这样横亘在我面前，教我无处躲藏。

3

新年的钟声敲响的时候，晴初一边听着窗外噼噼啪啪的烟花，一边和许川在QQ上聊天。

QQ的好处就是，你看不到我紧张不安的表情，我可以假装得没有破绽。

她听着许川兴奋地说寒假发生的趣事，却再也没有了以前感同身受的快乐，心底的城堡坍塌，连同晴初之前雀跃的期盼，一起化成了废墟。

晴初明白她喜欢上了许川，而许川喜欢的是林晓芙，这两个秘密让晴初触碰到冰冷的现实，一瞬间清醒。

在这场霞光堇色的爱恋中，晴初始终太清醒，冷眼看清事实，便抽身离开。她决定了疏远许川，便义无反顾地关上了心。

三月份的校运动会如期举行，晴初莫名其妙地被拉去当班级的宣传组组长，负责班级的稿件。这实在是折磨人脑的活，写稿、催稿、誊稿、交稿，晴初忙得焦头烂额。她有气无力地趴在桌上修改同学们交的稿件，忽然旁边的椅子被拉开，晴初转头，看到许川正在看她誊写好的稿子，心里顿生迷惑，他不是应该去看比赛的吗？

许川发觉到她的目光，笑笑，语气竟包含微微的心疼：我来帮你写稿，那边有很多人在加油了，不差我一个。晴初眼睛微酸，这样的关心她怎么会感觉不到？可晴初知道并时时刻刻提醒自己许川喜欢的是林晓芙。也好，晴初总是这样安慰自己，可是心底某个角落，还是塌陷下去，不复如初。

许川。晴初有些迟疑地开口。

许川已经提笔在写，头也不回地嗯了一声算是回答。

谢谢你。

许川转头，语气有些责备，谢什么，我们不是好朋友吗。再说，这是班级的事务，我作为班长，也是分内的事。

许川的脸正好向阳，阳光落进他的眼睛里，闪闪发亮，里面是坦然和温暖。

晴初看着，忽然觉得好笑，自己筑起的防线就这样轻易地被他一个如沐春风的神情击垮了。她突然明白，感情不是抽水马桶里的水，想断就可以断的，就如当初自己喜欢上许川那样毫无防备和情不自禁。

后来的事实正如晴初所想，尽管装作什么都不知道一般依然和许川打闹，但是她明白她对许川再也回不到从前，她不是不羡慕甚至嫉妒林晓芙，但无法讨厌这样女神一样存在的她，却因着许川的关系，也无法喜欢她。

晴初有个好朋友，叫作唐西，是个头小小的女生，笑起来会有两个小酒窝、干净单纯如白纸一样的人。晴初很敏感，所以她没有忽略唐西每次看到许川或许川说话时微红的脸颊和闪烁的眼睛。唐西也喜欢许川！

她和许川之间不仅隔着林晓芙，也隔着唐西。晴初叹一口气，自己不是唯一一个掉在这个漩涡中的人。她没有勇气告诉唐西一切，只能严密地保护着自己的秘密，装作什么都不知道一般把唐西当作好朋友。

4

这个夏天姗姗来迟，过完暑假，晴初便是高三学生了。

放假的日子总是过得太快，教室里充斥着此起彼伏的抱怨声。晴初一眼就看到许川一派悠然地看书，安静的气质，唇边若有若无的笑意，仿佛周围的喧闹与他都无关。

他抬头看到已经坐到他面前的晴初，微微一笑，这次排座你想好坐哪儿了吗？

晴初脱口而出：讲台旁边，我已经向老师申请过了。

这次重新排座是在考虑班级实际情况的前提下，尽量满足每个人的需求。换句话说就是，若是和别人没有冲突的话，基本上你想坐哪儿就坐哪儿。晴初想坐在讲台旁边，一来自己本就喜欢安静，远离班级的是是非非，专心备考；二来便是因为许川，她无法控制自己对许川的心情，却不代表晴初会让它泛滥。

许川愣了一下，低下头想了会儿，迟疑地开口，晴初，你想坐在讲台旁边？

晴初心不在焉地嗯嗯两声，完全没有注意到许川眼中黯淡下去的光芒。后来晴初才知道，许川也申请了那个位置，然而最后，许川取回他的申请，把那个位置让给了晴初。很久之后的晴初站在夜晚的阳台上，伸手顺了顺耳边凌乱的发，回想起那个十八岁那年她爱过的爱穿白衬衫、笑容阳光的男生，对谁都好的男生，而那年，她以为他对自己的好是一种喜欢和欣赏，却不曾明白，再多的喜欢和欣赏也永远不是爱。

日子忽然忙碌起来，晴初开始把头埋在习题库里，像屎壳郎一样把自己的希望滚得越来越大。许川依旧坐在第六排，他前面的再也不是晴初，而是一个剪着利落短发的女生。

晴初和许川渐行渐远，从初时笑谈风月的亲密到如今的点头一笑。当初晴初决定搬到讲台旁边坐时，就已经预料到了今天的结局。她承认自己的懦弱和逃避，却不后悔。

晴初偶尔抬起疲惫的双眼，看到窗外许川白色的衬衫和落满阳光的背影，心底悄悄地升腾出不可言喻的力量。

晴初的成绩直线上升，尤其是数学，把所有人都吓了一跳。

许川，我努力想和你站到一样的高度，就算和你并肩看风景的人不是我，至少我可以看到和你一样的风景，拥有和你一样的心境。

有那么一次，晴初路过许川的座位，桌上静静躺着她熟悉的书本，摊开的作业本上是她熟悉的笔迹。再然后晴初看到了被蓝色杯子压着的奶茶的包装袋，她的眼里便只剩下那个花花绿绿的奶茶袋子。她蓦地记起，似乎很久以前自己对许川说，我喜欢奶茶，你也要喜欢哦。无心之言，他却当了真。你是真的喜欢，还是因为我的强迫？

尾　声

晴初对于整个高三的记忆，只剩下每日的挑灯夜战和许川站在阳台上的背影。父母那时的空前关心，亲戚报考志愿时五花八门的建议，晴初一一笑纳，最终却不顾家人反对，毅然填报了北方一个海滨城市的大学。许川去了北京，林晓芙和唐西留在了南方。她的高三，没有兵荒马乱，每个人都有归宿般各得其所。

许川和林晓芙在一起了，晴初从同学那里得到这个消息时，没有事先猜到的得意，也没有歇斯底里的难过，她有足够的时间来接受这个事实。晴初了然地一笑，对他们说恭喜。

一年后，在一个北方的海滨城市里，晴初听着广播里柔柔的女声歌唱"分手快乐，祝你快乐，你可以找到更好的"。三月的风裹挟着这个海滨城市特有的清新，拂过晴初的耳，她想起高二那场篮球赛，自己被突如其来的篮球砸到，她蹲下来，痛苦地捂着伤处，许川伏下身着急的询问声音就像这海风具有抚平慌乱的力量。晴初看不见许川的脸，却可以猜到，那时许川的眼里一定充满她曾经深深迷恋过的温暖与关心。

晴初想起十八岁那年，她那场霞光堇色但最终无疾而终的爱情，她最后还是做了逃兵，尽管逃离时心中仍潜藏着隐隐的期盼。

电影《魂断蓝桥》中，费雯丽对着那个男子说：I loved you!

在青春的堇色年华里，许川，I loved you，如此而已。这是我一个人的青春，与你无关。我们没有结局，这便是最好的结局。

北方有佳人

张志浩

1

许辰星是高中才来到锦城的，他父母是铁路工程师，职责是亲历现场设计轨道图，他们向着铁路生活，沿着铁路迁徙。

在来这座县城之前，许辰星一直在省城读书，直到父母被安排在了工程难度最大的锦城，要长期驻扎，他的父母才决定让他转学来锦城。许辰星也说不清是锦城位于山中，还是山位于锦城，这里但凡建筑都是饱经沧桑的，高度也都没有超过六层。稍微一抬头就可以望见大片大片的绿，长满了杉木的原始森林，清楚地刻着建于清代字迹的院落，充满了神秘感。走在布满苔绿石板的小巷中，似乎能与撑着油纸伞的姑娘邂逅。但许辰星似乎一点儿也不喜欢这儿，没有塑胶跑道，没有游泳馆，没有一个像样的足球场，甚至没有一棵自己喜欢的香樟树。有的只是布满教学楼灰黑色墙壁的爬山虎和一大片四季常青的松柏，他唉声叹气地穿上了宽松丑陋的校服，开始了他一直憧憬的高中生活，他便是在这里认识林葭苣的。

2

说起来许辰星一开始并不知道林葭苣这号人物的，当所有女生都在绞尽脑汁地想把不可改变的校服穿出点儿花样、再配上一双骄傲的高跟鞋时，林葭苣却始终是一双白色运动鞋，一点儿都不张扬的齐耳短发，见谁都是拘谨地一笑。所以当她单枪匹马地闯入年级的前三甲成了许辰星的有力竞争对手后，许辰星才开始注意她。他并没有刻意地去和她打招呼，而是妄图从别人口中得到她的消息。可终是无果，她做任何事都是一个人，一个人上学，一个人出操，一个人去食堂，她并没有畏惧孤独，有时还略带享受的感觉。

她的特立独行让她不同。

许辰星在林葭苣上厕所的片刻，偷偷拿过她的语文书，封面上用碳素笔写着三个清秀的字迹——林葭苣。这样做的动机也说不清楚，可能只是下意识地想知道她的名字怎么写。顺便他也记下了她贴在语文书上的便利贴上的那句话——"我今晨坐在窗前，世界像一个路人从我身边走过，停下匆忙的脚步对我点点头，又走了过去。"

这句没有出处的句子把世界都当作了路人。夹杂着无限的好奇，她走进了许辰星的心里。

3

十六年来，许辰星第一次知道了什么叫行动不受控制。他会在课间的每一个间隙去观察林葭茬，她似乎没有一点儿察觉。有时林葭茬回头看钟会与他的目光对视，轻轻地莞尔一笑，都能让许辰星高兴上好一会儿。

高挑的身材，俊朗的容貌，再加上优异的成绩，许辰星不乏追求者。他不会残忍地拒绝，只是将信拆开后仔细阅读，然后附上"对不起"归还。然而林葭茬一旦请教完他一道题后遗留的稿纸他却都会小心地收起。

林葭茬并没有察觉到许辰星的特别之处，以至于她并不知道许辰星正在酝酿一场盛大的"阴谋"。

4

高二分班后，班级的座位进行了大幅度的调整。许辰星从年级第一退到班级第五，只有他知道这是怎么回事。

他故意没写数学的两道大题，为了保险还改了一道选择题，结果按照排名选座位时，许辰星如愿以偿地成了林葭苣的后桌。

许辰星的大退步，引来了老师的办公室"喝茶"事件。

"许辰星，你的数学怎么回事？时间不够吗？"教数学的班主任说话时，不间断地吹着茶叶水，像极了领导对着下属部署工作。

"其实数学不是我的弱项，主要是英语，我觉得自己很差。"许辰星打着如意算盘心里偷乐着。老班意味深长地点了点头，"你要好好珍惜身边资源，林葭苣的英语很好，但数学不行，你们互相帮助吧。"

许辰星高兴地走出办公室，迎面就是一脸迷茫不知所措的林葭苣。许辰星并没有直接进教室，而是站在走廊上等待。以林葭苣的性格，两分钟不到就会出来。果然一分四十秒后她出来了，脸上没了迷茫，换成一副事不关己的表情。

"老师叫你辅导我英语是吗？"

"嗯。"

"没别的了吗？"

"没了。"

"他没说叫我帮你数学吗？"

"没有，要我再去问问吗？"

林葭荏明显赢了，许辰星挫得无地自容。如此明显的套近乎她似乎都没有察觉，兀自走进教室。

5

讲解习题似乎是拉近距离的最好方法。林葭荏其实很好相处，她悉心地给许辰星讲解着他不会的语法。许辰星不停地哼哈答应着，然后发现她的眼睛很大，睫毛也很长，更奇特的是她的眼镜无度数。她脸部的轮廓很美，却被头发遮住。许辰星心里一惊，她在掩饰着自己的美？

"你听懂了吗？想什么呢？一直发呆。"

"你的眼镜能借我用一下吗？"许辰星似乎想证明自己的结论。

"它没有度数的。"林葭荏极不情愿地说。

果然。

"这题我懂了，下一题吧。"

6

林葭荏与许辰星的关系在发生微妙的变化。许辰星会帮她去打热水，会在早上递一杯热腾腾的豆浆，会陪她解一道数学题直至教学楼里只剩下他们两个人，会为了她而不跟随父母回省城。林葭荏会为了许辰星的篮球赛而翘掉自习，但她依旧落寞的独自一人，只是偶尔鼓鼓掌微微笑。她也会为了弄清一个语法花费大把时间去查阅书籍，为的只是第二天许辰星能听得顺畅一些。

高中学习压力大，总得找些东西排解压力，他们俩的绯闻似乎就成了别人课后的谈资。

传着传着，班主任找许辰星谈话了。

头发稀少的班主任依旧吹着滚烫的茶叶水，一样的腔势。许辰星婉转而又机智地针锋相对，老班也只好做摇头状，示意让他离开。

迎面径直走来的还是茫然的林葭茬，情节的相似让许辰星一度认为自己是在梦中。

许辰星依旧没有立马走开，徘徊在走廊。他听到最多的话是"嗯""哦""我知道""我们只是朋友"。林葭茬似乎有点激动，声音里带着一丝颤抖。

许辰星恨不得咬掉自己的耳朵，他听到了自己最不愿听到的话。林葭茬你知道什么，你就知道朋友，你就知道怯懦，你什么都不知道。

7

之后，许辰星又成了林葭茬的一个路人。林葭茬开始一个人偷偷地去打水，刻意躲着许辰星。许辰星依旧递豆浆给她，她一开始会收下，课后再偷偷扔掉，直到后来事态演变到她直接当着许辰星的面扔进垃圾筒。

许辰星似乎化身为小强，他日复一日地等在女生宿舍楼下，他想亲自告诉她，也告诉自己，他要用自己的青春全力无悔地去爱。直到林葭茌告诉他："年轻时你说过，你要用自己的生命去爱一个人，后来，你没死，年轻替你抵了命。这些事大学再说好吗？"

多么委婉的拒绝，许辰星的人生中从来没有遭到过拒绝，他目光呆滞地看着她，呢喃道："林葭茌，你怎么可以这么不在乎？"她笑得风清月白："高考后见。"

写目标时，许辰星特地把林葭茌的小纸条看了一遍又一遍："我在这兵荒马乱的世界中遇见过一个人，他说他叫作梦想。F大。"

F大是南方非常著名的学府，锦城有时一年都考不上一个。许辰星没有犹豫，坚定地在纸条上写下"我跟在那个叫作'梦想'的人身后——F大。"

之后，直到高考，他与林葭茌再无交集。

8

轰轰烈烈的高考从他们俩身上打马而过。许辰星考得很好，他义无反顾地在志愿表上填了F大。林葭茌似乎也考得不错，只比许辰星低两分。可是最后的录取红榜上，许辰星的名字挂在榜首。而林葭茌第二的成绩却排在了第十二位，她没填F大，她填的是北方并不出名的G大。许辰星苦笑，自己之于林葭荏真的什么都不是。

"许辰星，去那个亭子，我有话要说。"不在办公室的班主任似乎更加平易近人。

他直接切入主题。"这是一个很像故事的真事。十年前，我们学校有两个物理老师，他们是夫妻，是当时锦城仅有的两个特级教师，他们自己请缨到西藏支教两年，可是就在支教要结束的那年，他们却为了救两个顽皮的孩子被突如其来的雪崩掩埋，献出了年轻的生命。"

"或许每个人心中都有一个西藏梦。"许辰星不由自主就冒出了这句话。"他们就是我的亲哥哥和嫂子。"年逾半百的班主任眼眶红润，"当然，他们也是葭荏的父母。葭荏这孩子自从父母去世后就变得孤僻起来，不再交朋友，什么都是一个人来完成。当她和你关系很近时，我一开始是很惊奇的，但怕你们误入歧途，我就和她谈了几句。她很聪明，立马就和你断绝了来往。她知道自己的梦想，要完成父母未完成的梦想，G大有最强的物理专业，至于F大，她是不想耽误你吧。"

"老师，谢谢你告诉我这么多，她父母支教的是哪儿呢？"许辰星满腔的沮丧终于散尽，原来什么都不知道的是自己。

"墨脱。"

9

  林葭莐认为自己一辈子都不会再和许辰星有纠葛时，时光开了一个玩笑。再次看到许辰星是四年后，在电脑里。

  "西藏墨脱支教大学生许辰星在一场泥石流中为救三名小学生不幸遇难。"

  许辰星？许辰星！许辰星？！

  林葭莐并不敢确定就是许辰星时，视频中放出了照片。

  "或许每个人的心中都有一个西藏梦，比如在许辰星的遗物中我们发现了一本笔记本，上面写着七百六十九句'北方有佳人，绝世而独立'。那天正是他来墨脱支教的第七百六十九天。"

  林葭莐哭得惊天动地、泣不成声，含着泪念道："北方有佳人，绝世而独立。不，是葭莐。"

时间煮雨

左 海

我亦飘零久

8月30日早上8：01，我乘动车从家乡出发，两个小时之后到达武汉。两年前，我同样是这样，背着双肩包，提着厚重的行李箱，站在这座繁华而陌生的城市里，街道上车水马龙，道路两旁熙熙攘攘挤满了行人，他们用各种奇怪的口音提醒我：你终究不属于这里。时光荏苒，当我下一次站在这里的时候，就该与它挥手作别。

学校的篮球场做了翻新，宿舍楼下开了许多新的商铺，食堂里生意不好的窗口被新的招牌替代，寝室里装上了热水器，换掉了破烂不堪的厕所门。时间过去了两个月，有些东西悄悄地消失了，没有谁会记得它们存在过。

520，这是我所在寝室的门牌号。我把行李箱立在脚边，站在门口，屋子里满地的尘埃呛得我直咳嗽。趴在床上小憩的室友见我到来，笑了笑说好久不见，然后从床上爬下来，动员我跟他一起大扫除，他一边拖地一边小声哼唱这个夏天很红的一首歌："向前跑，迎着冷眼和嘲笑，生命的广阔不历经磨难怎能感到，命运它无法让我们跪地求饶，就算鲜血洒满了怀抱。"来自GALA乐队的《追梦赤子心》。

舆论课上，我在底下埋头看独木舟的《我亦飘零久》，若宇寒发来信息说课好少，我说我也是，他说他想回家。晞微刚刚升入高三，求我给她一点儿减肥和好好学习的动力，我找抽似的说："胖了没关系，反正你也减不下来；不想学习也没关系，反正你成绩也就那样。"山高水远，我料她也拿我没辙，于是尽显毒舌本色。

前些日子，有幸认识了几个小博的读者，她们跟我聊穷游，聊无法适应的新环境，聊写好小说的办法和《小王子》里最美丽的段落篇章。我们就像是相识甚久的密友，在夏天阒静的深夜里，探讨彼此的生活与梦想，对话的结尾，她们无一例外地对我说："左海，晚安。"我拥抱着这几个无比温暖的字眼一觉睡到了大天亮。

讲台之上，教授正慷慨激昂地宣讲自己的理论，而我正好读到书里特别经典的一句话："我走在逃离命运的路上，却与命运不期而遇。"窗外清风徐来，天色变成灰蒙蒙的一片，眼看就快要下雨了。

限量发行与永不过期

我最初发在小博上的那篇稿子，填下的笔名叫"木子晓"。"木子"拼凑起来是我的姓氏李，"晓"是我当时喜欢的女孩子的名字，可是我喜欢她的时候，我们已经不在一起了。

晓的个头不高，皮肤白白的，戴眼镜，扎马尾，笑起来把头仰得老高，永远一副很开心的样子。十五岁那年，我和晓是很要好的朋友，她在邮局订了小博，每一次都先借给我看。那时的我喜欢在本子上写一些小说，晓是我的第一个读者，她看完总是竖起大拇指称赞，而我明白那些文字终究是稚嫩的，经不起推敲。

2008年南方大雪，我买了一双棕色的很暖和的鞋子，晓像看到宝一样，直夸它好看，我说你去买呀，这鞋子不分男女的。一个星期后，她穿了一双一模一样的来，笑嘻嘻地对我说："我妈简直神了，我这还没说呢，她竟然就给我买了，我一看，天呐，和你一样的款。"就这样，我和晓穿着"情侣鞋"在校园里招摇过市，度过了整个寒冷的冬天，班主任每次看到我们都神情复杂欲言又止，然后摇摇头走开。

中考过后，我和晓进了不同的高中，慢慢地，我才发现自己一直很喜欢她，是超越朋友的那种喜欢，可是一切都已来不及。

世界那么大，谁是谁的独一无二，谁又是谁的限量发行与永不过期。

风吹雨成花，云翻涌成夏

暑假里，《小时代》一、二部相继公映，郁可唯演唱了电影的宣传曲《时间煮雨》，作词是郭敬明和落落。我最喜欢的那句歌词是："天真岁月不忍欺，青春荒唐我不负你。"

我们都曾是烂漫孩童，活在无忧无虑的童年里，不怕哭不怕笑，所有情绪都放在脸上。慢慢地，我们变成了小小的大人，懂得礼貌也懂得隐藏，在绝大多数人面前活成最光鲜的样子。时间推着我们往前，没有谁能永远不变。

暑假过去，回到有些陌生的校园，远远的时光里，那个小小的自己，正对你挥着胖嘟嘟的小手，他在跟你道别，也在诉说对你的想念。

那里，始终是你最纯真和柔软的地方。

无关恋爱的暗恋

嵩　果

只是无意间地一抬头，便对上了你向日葵般的笑。你让我有了一瞬间的错愕，你仿佛把他的笑复制到了你的脸上。原来，男孩子笑起来可以这么好看，尤其是你和他，慌忙间又低下了头。你毫不吝啬地把大把大把的温暖洒在了我的心上。于是乎，一颗小嫩芽冒出了细尖儿。

之后，我知道了你叫晨洛。你和我一样喜欢穿蓝色的衣服，就像天空那种纯净的蓝一样。你和我一样喜欢听嵩哥的歌，就是那个声音干净的音乐鬼才。此外，我再也找不到任何交集了。

我也知道了，你擅长跳舞，打篮球。你开朗，活泼，你是一班之长。一定是个受人欢迎的男孩儿吧。每次经过那层楼最左边的教室，我都不会放过任何一次戴眼镜的机会，那副被我称之为"小麻烦"的黑白镜框且度数不高的眼镜，应该会特别感谢你的，如果不是你，它又怎么会结束那一段与灰尘相伴的日子呢？

期待着每一次邂逅，收集关于你的点点滴滴，在人群中寻找你的影子，早上五点半，你会准时出现在跑道上，而我会拿一本英语书坐在那个不显眼，但观察角度最佳的石凳上，这是一天里最神圣的时刻。我可以远远看着你，没有任何阻碍，没有别人打扰。下午放学后的五点半你会和一群男生谈笑着去操场，我会拖着好友在后面悠闲地"散步"。散着散着就散到了篮球场旁边，而你就如磁铁一般吸引了我，好友笑我，"你看你目不转睛地，怕人家丢了似的，你这哪里是在看篮球啊。"

一转眼，元旦的钟声即将敲响，学校的元旦晚会需要在高一、高二各选出一名主持人来。这事结果来得太快，我都没有反应过来，你以高一男主持人的身份，我以高二女主持人的身份，就这样邂逅在不大不小、刚好合适的团委室。我用一贯四十五度角仰望到了那个早已在心里勾勒得无比清晰的脸，我表面平静，内心已风起云涌。接下来的一周里，日子加了双倍的蜂蜜。月儿悄挂枝头时，我俩在播音室里练习着台词。你说："你的声音真好听，不甜不腻，刚到火候，让人听着舒服。"你不知道这句话让我兴奋了好久，现在想起，心里仍会泛起涟漪。其实我也想对你说："你的声音给人一种清爽的感觉，正是我喜欢的那种。"在练习间空闲的时候，我们谈各自的生活，我们的理想，我们的偶像。你会在我大喊累了的时候，唱嵩哥的《浅唱》给我听，我会在你口渴时默默递上一杯水，我们在练习时会很有默契地配合。我们的努力没有白费，当所有人把焦点聚集在我们俩的身上时，觉得世界上我是最幸福的人。你，一身黑色的燕尾服，聚光灯下那么闪亮。我们的合照，我小心翼翼珍藏。我们就这样成了无话不谈的好朋友。你浅浅的笑已成了我生活中的一部分。你学习成绩很好。我也开始奔波到厌烦的公式中去。日子不痛不痒地流走了，真的很满意眼前的生活。我还沉浸在美梦中，现实却把梦击碎了。也许，上天总是捉弄人的吧。

我坐在草坪上看你投篮，你有意无意地跟我聊天。然后，你一句"我要转学了"让我大脑一片空白。也许，这就是宿命。我无力想以后，只是用很长时间来整理杂乱的思绪。你走的那天，你的亲朋好友都来了。不知道你是否留意过我的身影，我仍站在一个不显眼的角落里看你上了车，我只是怕在你面前时，我会失态，我怕我控制不住自己的情绪，所以，请你原谅我不去送你的烂借口。把那条曾经删了又写，保存了很久的短信发到了那个烂记于心的号码，按下"OK"键，泪早已无痕了，希望你在新的学校过得快乐。

我拼命地努力，为了考上你理想中的重点大学C大，我们说好了要一起考上C大的。

晨洛，我在C大等你。